中華古籍保護計劃

ZHONG HUA GU JI BAO HU JI HUA CHENG GUO

·成果·

(晉)常璩 撰

明本華陽國志

第一册

國家圖書館出版社

圖書在版編目(CIP)數據

明本華陽國志:全三册/(晉)常璩撰.—北京:國家圖書館出版社,2018.9(2024.10 重印)

(國學基本典籍叢刊)

ISBN 978-7-5013-6440-4

Ⅰ.①明… Ⅱ.①常… Ⅲ.①西南地區—地方志 Ⅳ.①K297

中國版本圖書館 CIP 數據核字(2018)第 100364 號

書　　名　明本華陽國志(全三册)
著　　者　(晉)常璩　撰
責任編輯　苗文葉
封面設計　徐新狀

出版發行　國家圖書館出版社(北京市西城區文津街 7 號　100034)
(原書目文獻出版社　北京圖書館出版社)
010-66114536　63802249　nlcpress@nlc.cn(郵購)
網　　址　http://www.nlcpress.com
印　　裝　河北三河弘翰印務有限公司
版次印次　2018 年 9 月第 1 版　2024 年 10 月第 2 次印刷

開　　本　880×1230　1/32
印　　張　20
書　　號　ISBN 978-7-5013-6440-4
定　　價　60.00 圓

《國學基本典籍叢刊》編委會

《國學基本典籍叢刊》前言

國家圖書館出版社(原名書目文獻出版社 北京圖書館出版社)成立三十多年來,出版了大量的中國傳統文化典籍。由於這些典籍的出版往往采用叢書的方式或綫裝形式,供公共圖書館和大學圖書館典藏使用,普通讀者因價格較高、部頭較大,不易購買使用。爲弘揚優秀傳統文化,滿足廣大普通讀者的需求,現將經、史、子、集各部的常用典籍,選擇善本,分輯陸續出版單行本。每書之前均加簡要説明,必要者加編目録和索引,總名《國學基本典籍叢刊》。歡迎讀者提出寶貴意見和建議,以使這項工作逐步完善。

國家圖書館出版社

二〇一六年四月

序　言

常璩（約二九一—三六一）字道將，東晉蜀郡江原（今四川崇州西北）人，著名史地學家。祖上爲江原望族，幼承家學，博覽群籍。十六國成漢李勢擅權，因重其才，官至散騎常侍，執掌著作。晉穆帝永和三年（三四七），征西將軍桓温伐蜀，常璩等勸李勢降晉，李勢降，桓温授常璩參軍之職。著有《華陽國志》《漢之書》和《唐志》等，唯前書傳世，後二書俱佚。

《華陽國志》（一名《華陽國記》）十二卷。華陽，地名，常璩取《尚書·禹貢》『華陽、黑水惟梁州』前二字爲書名。華陽之地，以地處華山之陽而得名。

《華陽國志》所記地理範圍當爲晉世梁、益、寧三州之地，約當今陝西秦嶺以南及四川、雲南和貴州一帶。所記時間斷限：『肇自開闢，終乎永和三年。』（《序志》）凡一千餘年。

本書内容包括卷一巴志，卷二漢中志，卷三蜀志，卷四南中志，卷五公孫述、劉二牧志，卷六劉先主志，卷七劉後主志，卷八大同志，卷九李特、雄、壽、勢志，卷十先賢士女總贊、廣漢士女、漢中士女，卷十一後賢志，卷十二序志、益梁寧三州先漢以來士女目録等，前有李𡌴叙、吕大防序。

關於《華陽國志》一書的性質

有關《華陽國志》一書的性質，是一個原則問題。我國歷代紀傳體史以及一些典章制度專史中的經籍、藝文等志，如《隋書·經籍志》《通志·藝文略》等以及歷代書目如《崇文總目》等，無不將《華陽國志》列入史類加以著録，或稱霸史，或稱僞史等。清《四庫全書總目》將此書列爲『載記類』，也實爲史類之書。南宋李𡌴叙此書稱之爲『偏方霸國』（李𡌴《重刊華陽國志叙》），也將此書歸於史類。時至今日，不少學者仍持此論。

唐代史學家劉知幾稱《華陽國志》爲『地理書』或爲『郡書』，這種看法是正確的。劉知幾認爲：『九州土宇，萬國山川，物産殊宜，風化异俗，如各志其本國，足以明此一方。若盛弘之《荆州記》、常璩《華陽國志》、辛氏《三秦》、羅含《湘中》，此之謂地理書者也。』（劉知幾《史通·雜述》）其在同一篇論及郡書時稱：『郡書者，矜其鄉賢，美其邦族，施於本國，頗得流行，置於他方，罕聞愛异，其有如常璩之詳審、劉昞之該博，而能傳諸不朽、見美來裔者，蓋無幾焉。』以上是劉氏對諸如常璩《華陽國志》、劉昞《敦煌實録》等所撰郡書的評價，筆者認爲是正確的。郡書屬於方志範疇。然而，劉氏將屬於方志類的『地理書』『郡書』等統歸於『雜史』類則值得商榷。地理書、郡書，即早期地方志的通稱，屬於記事單一的地記、地志之類，西漢時就已經産生了。《隋書·經籍志·地理類序論》稱：『（漢）武帝時，計書既上太史，郡國地志，固亦在焉。』其中『郡國地志』即早期方志形態，屬於地記之類。説明郡國地志之書，在漢武帝時已經出現。在《隋書·經籍志·雜傳序論》説：『後漢光武，始詔南陽，撰作風俗，故沛、三輔有耆舊、節士之序，魯、廬江有名德先賢之贊，郡國之書，由是而作。』以上兩處引《隋書·經籍志》之文，於郡國地志出現時間上相抵牾，一説在西漢武帝時，一説在東漢光武帝時。考於古籍，司馬相如、嚴君平二人各撰《蜀本紀》、揚雄撰《蜀王本記》，以上三人著述皆爲早期地記類志人物之作，且皆爲西漢時人。此可證實郡國地志之書出於西漢之時無疑。郡國之書，以記人物爲多，有些郡書也記載了一些地理内容，此與後世方志人物門類和方志地理門類的形成有著必然聯繫。

漢晉以來，由於地方經濟的發展和地方豪族勢力的增長，專記一地情况的各種地記開始出現并呈現日益增多的趨勢。地記内容，或記山川，或記風土，或記物産，或記异物，比較多的則是記一方人物。記人物的地記主要記當地名宦鄉賢、懿德高行或奇節義舉等。這與當時品第人物和

『清議』之風不無關係。『清議』不僅與當時選賢任能的需要有關，而且對砥礪名節、輔助教化等發揮著不可替代的社會作用。

《華陽國志》作者常璩對衆多的地記之作進行認真閱讀和研究，認爲那些單一記載一地的地理之作，或單一記載一地的歷史之作，或單一記載一地的人物傳之作，都難以系統地反映一地的全貌，必須將一地之地理和人物與一地的歷史事件相結合，三位一體，合於一編，纔稱得上一部比較系統、完整地囊括一地全貌的地方志書。常璩參閱并吸收了此前大量有關地記之作的優秀成果，并融匯了紀傳體史書，諸如《漢書》《三國志》等有關史事，重新加以歸納整合，從而創立了以地理、歷史和人物三體合於一編的嶄新志書體裁，對此後方志内容由簡趨繁，由門類單一到多元過渡開創了先例，自是方志編纂史上的一大創舉。

視《華陽國志》爲地方志觀點者，有清代學者洪亮吉等。當今不少學者亦持此論。

關於《華陽國志》一書的内容

從全書内容方面考察，《華陽國志》一書可以劃分爲三部分，其一，以巴志、漢中志、蜀志和南中志等作爲反映益、梁、寧三州的地理部分；其二，以公孫述、劉二牧志，劉先主志，劉後主志，大同志，李特、雄、壽、勢志等作爲叙述該地的歷史部分；其三，以先賢士女總贊，後賢志、益梁寧三州先漢以來士女目録等作爲反映該地域人物志部分；序志則是作者對全書的總結，及其撰寫各篇内容的旨趣。

以下對全書三部分内容分别予以評述。

第一部分，志地理

南宋李𡌴稱《華陽國志》『首述巴蜀、漢中、南中之風土』（李𡌴《重刊華陽國志叙》）。風土屬於地理範疇，這是該志首先記載的内容。地方志首先要將一個政區的地理範圍等諸多地理情況交待清楚，這是由地方志性質所决定的，《華陽國志》如此設計，於後世修志影響深遠。常璩認爲『司馬相如、嚴君平、揚子雲、陽成子玄、鄭伯邑、尹彭城、譙常侍、任給事等，各集傳記，以作本紀（揚雄撰有《蜀王本紀》，其他人皆有《蜀本紀》之作），略舉其隅。其次聖稱賢，仁人志士，言爲世範，行爲表則者，名挂史録，而陳君承祚别爲《耆舊》，始漢及魏，焕乎可觀。然三州土地，不復悉載，《地理志》頗言山水，歷代轉久，郡縣分建，地名改易，於以居然辨物知方，猶未詳備……』（《序志》）説明漢晉之世有關巴蜀地區志人物類地記頗多，更有陳壽《益部耆舊傳》等地記之作問世。

然却少有出現記述三州土地、郡縣分建、地名改易、辨物知方等内容的地記之作，不能説不是一種遺憾。於是，常璩遍考史籍、提封圖簿，『班序州郡，區别山川』（《序志》），綴輯所聞，三州地理，於此厘定。

《華陽國志》分别記述了巴、漢中、蜀和南中等地的建置沿革、地域範圍、風俗、山川、道路、厄塞、物産、歌謡、大姓等内容，各志陳述地理大多以講述當地史事過程中帶出其郡縣建置以及地名改易之由，這是常璩叙述地理時的一大特點。各志采用先總述，後以所屬郡縣分述的程式進行。《巴志》涉及許多當地歷史上的重大事件，如巴蜀之師佐武王伐紂事、蔓子請師於楚事、巴郡板楯族人助秦除虎患事、閬中人范目事等。在叙述史事過程中帶出巴地建置沿革之變化，地域、物産、民風、少數民族等情况，然後分述巴地所屬五郡二十三縣建置情况等。

《巴志》所載《巴郡圖經》，實爲方志編纂史上之大事。圖經是我國方志史上與地記、方志相并列的一種新的文獻形態，其體例較地記和地志完備。其文爲：『孝桓帝以并州刺史泰山但望字伯闔爲巴郡太守……永興二年三月甲午，望上疏曰：「謹按《巴郡圖經》境界，南北四千，東西五千，周萬餘里。屬縣十四，鹽、鐵五官，各有丞、史。户四十六萬四千七百八十，口百八十七萬五千五百三十五。遠縣去郡千二百至千五百里，鄉亭去縣或三四百，或及千里……」』（《巴志》）從《巴郡圖經》內容考察，不少於建置、疆域、屬縣、職官、户口、道里等門類，側重於地理內容的記載，且圖經皆繪有輿圖，這較地記更前進了一步，圖體成爲此後志書不可或缺且有别於史籍的一項重要內容。《巴郡圖經》産生於東漢桓帝永興二年（一五四），是今人所知見的最早圖經之一。考於文獻，此前約在東漢安、順帝（一〇七—一四四）時已有王逸撰《廣陵郡圖經》之記載，見《文選・蕪城賦注》，然僅有『郡城，吴王濞所築』一語，而無其他內容説明，因此，不能與《巴郡圖經》相提并論。由此可知《巴郡圖經》在方志學史上占有相當重要的地位。

《漢中志》首述漢中郡建置沿革及得名由來，次寫地域範圍、土壤、貢賦、去洛里程等。相關歷史事件，主要有項羽封劉邦爲漢王事、張騫通西域事、漢末張魯據漢中事等，再寫漢中所轄郡縣地理情況。漢中，秦置郡，治南鄭（今陝西漢中東），轄境約當今陝西秦嶺以南，留壩、勉縣以東，乾佑河流域以西和湖北鄖縣、保康以西，粉青河、珍珠嶺以北之地。

該志記漢中成固人張騫爲漢武帝打通西域，致『大宛之馬，南海之象』以及水晶、琉璃、葡萄之酒……并因功被封爲博望侯等事。史載：『西域，張騫鑿空。』（《史記・大宛列傳》）張騫兩次出使西域，溝通和加强了我國與西方各國的聯繫，促進了商業和貿易的發展以及科技文化的交流。中國盛産蠶絲，并以此爲向西方大宗輸出物品。張騫開創了中國通往西方的『絲綢之路』。

《蜀志》叙述蠶叢、魚鳧、杜宇爲蜀王以及蜀地歷史大事，叙寫蜀國建國及其建置沿革，地理範圍，山川，物産（礦産、錦綉、農産），山林漁澤，少數民族等内容。史事中所叙秦昭王時，蜀守李冰修建水利工程都江堰一事，遠較遷史班書爲詳。其文曰：『冰乃壅江作堋（蜀人謂堰作堋，即分水堤壩），穿郫江、檢江，别支流雙過郡下（成都），以行舟舡（即船），岷山多梓柏、大竹，頹隨水流，坐致材木，功省用饒。又溉灌三郡，開稻田，於是蜀沃野千里，號爲「陸海」，旱則引水浸潤，雨則杜塞水門，故記曰：「水旱從人，不知饑饉，時無荒年，天下謂之天府也。」』（《蜀志》）又曰：『自前堰上分穿羊摩江（即羊馬河）灌江西，於玉女房（今白沙街西龍溪山崖之上）下自涉郵（郵，即驛站，位於白沙街上）作三石人立三水中，與江神要（即約定）「水竭不至足，盛不没肩」。』（《蜀志》）這是李冰在今四川中部導引岷江之水灌溉的地區，因灌區渠首初名『前堰』，或稱『金堤』，或稱『都安大堰』，三國蜀置都安縣，該堰在此縣境内。此項排灌工程早在戰國初期由蜀相開明首開其端，至秦昭王時，李冰父子完成了此項大型水利工程，其功甚偉。此外，《蜀志》還記載了李冰在蜀地建造的其他多項水利工程，如鑿平青衣江的溷崖，治導汶井江，穿廣都鹽井諸陂地等工程，爲蜀地人民世代造福。

《南中志》，南中即晉世寧州之地。晉泰始七年（二七一）初置（據《晉書·地理志》），常璩書爲六年，誤）。該志記載南中地理、歷史、經濟、文化等内容，通過當地歷史事件叙及建置沿革尤爲明顯，歷史事件貫穿該志全篇，如莊蹻伐夜郎事、漢武帝置牂牁等四郡始末、諸葛亮征益州事、哀牢古族事等。是志於各郡縣或記户數，或記物産，或記山川，或記古道，或記鹽井，或記民族，或記大姓等内容，多寡不一。寧州爲少數民族集居之地，該篇記少數民族内容尤多，其中記哀牢『夷』事尤爲突出。

《南中志》載：『其俗徵巫鬼，好詛盟，投石結草，官常以盟詛要之。諸葛亮乃爲夷作圖譜，先畫天地日月、君長城府，次畫神龍，龍生夷及牛馬羊。後畫部主吏乘馬幡蓋，巡行安恤。又畫夷牽牛負酒齎金寶詣之之象，以賜「夷」，「夷」甚重之，許致生口直。又與瑞錦鐵券，今皆存。每刺史、校尉至，齎以呈詣，動亦如之。』

常璩在《南中志·永昌郡》追述了哀牢國的歷史：『永昌郡，古哀牢國，哀牢，山名也。其先有一婦人，名曰沙壺，依哀牢山下居，以捕魚自給，忽於水中觸一沉木，遂感而有娠，度十月産子男十人。後沉木化爲龍，出謂沙壺曰：「君爲我生子，今在乎？」而九子驚走，惟一小子不能去，陪龍坐……因名曰元隆……元隆長大才武，後九兄……共推以爲王。時哀牢山下復有一夫一婦，産十女，元隆兄弟妻之……元隆死，世世相繼，分置小王，往往邑居，散在溪谷，絶域荒外……南中昆

《三國藝文志》明祖之，故諸葛爲其《國譜》也。』今按：蜀諸葛亮撰有《哀牢國譜》，佚。清姚振宗有關諸葛亮《哀牢國譜》之文即源於常璩《華陽國志·南中志》。

第二部分，敘歷史

《華陽國志》比較詳實地記載了東漢初在益州稱帝，於建武十二年（三六）爲漢軍攻滅的公孫述割據政權的歷史（《公孫述志》）；次記漢末領益州牧的劉焉、劉璋父子割據蜀地，其後劉璋降迎劉備的歷史（《劉二牧志》）；次記三國時期劉備建立蜀漢政權并傳位於後主劉禪，最終爲魏所滅的歷史（《劉先主志》《劉後主志》）；次記蜀漢爲曹魏所滅，司馬炎受魏禪建立西晉，改元泰始（二六五—二七四），至晉懷帝統治期間（三〇七—三一三），晉王朝中央對巴蜀地區施政管理等諸種舉措（《大同志》）；次記晉惠帝時，李特在蜀地領導西北流民起義，其子李雄在成都稱帝，國號爲『成』，其後，李壽（李雄侄）改國號爲『漢』，史稱『成漢』，并於晉穆帝永和三年（三四七）爲東晉桓温所滅的歷史（《李特雄壽勢志》）。

常璩對公孫述和成漢時期割據勢力極爲貶斥，兹以成漢爲例，《序志》稱：『曩遭厄運，亟夏滔堙，李氏據蜀，兵連戰結，三州傾墜，生民殲盡……嗟乎三州，近爲荒裔，桑梓之域，曠爲長野，反側惟之，心若焚灼。』成漢政權割據蜀地，爲晉惠帝至穆帝統治時期，也是常璩平生所處的時代，面對如此情況，作爲生於斯、長於斯、仕於斯的常璩如何不輾轉反側，心若焚灼？ 於是有勸説李勢降晉之事（《晉書·李勢傳》）。

常璩以時間爲序，對以上四個封建割據政權以及晉王朝統一的歷史大勢進行了較爲詳細的勾勒，不僅揭示出封建政權更迭的歷史真相，也反映出常璩反對分裂、渴望統一的時代訴求。

第三部分，志人物

常璩將人物分爲三個類别，其一爲《先賢士女總贊》，記西漢至三國時期益、梁二州士女史事，有贊有傳； 其二，《後賢志》，記入晉以來益、梁二州賢士小傳； 其三，《益梁寧三州先漢以來士女目録》，即三州先賢士女目録； 又有《益梁寧三州三國兩晉以來人士目録》，即三州後賢目録等篇章。

《總贊》首爲小序，次爲益、梁二州士女目次，目次内容有職銜、姓名，自成一行，其贊語另自一行，如『司馬相如』條，書爲：『中郎將司馬相如長卿』，贊語：『長卿彬彬，文爲世矩。』司馬相如工辭賦，有《子虛》《上林》等賦，其贊語也頗中肯綮。 目次之後，即爲益、梁二州士女小傳，各小傳文字多寡不一，仍以司馬相如爲例，其小傳僅百餘字。 司馬相如於《史記》《漢書》皆有傳，内容相類，文中載司馬相如辭賦原文多篇。 常璩在書中僅摘其最具盛名的辭賦名稱以及深爲漢武帝賞識等内容寫入其小傳，其他從略，可謂簡而有要。統觀常璩所撰士女，多數爲鄉賢名宦、世家大族人物，特别是懿德高行之流，則大書特書；至於女性人物，雖絶大多數選載貞節烈女事迹，同時也對那些具有品德才智、嘉言懿行的女性加以記載，使之與耆舊、先賢人物并列，當然也載有『蠻髦之民，井臼之婦』（吕大防《華陽國志序》）等，這在當時都是難能可貴的。《總贊》目次，各郡先賢士女總數爲二百零一人，經筆者統計，常璩書各郡先賢士女人數爲二百零三人。

《後賢志》係常璩爲當代人所寫的傳記，寫法一如《總贊》例，凡二十人，皆益、梁二州名賢。作者依據詳近略遠原則，也由於資料豐富，所撰後賢人物文字明顯較益、梁二州士女小傳文字爲多。例如《何攀傳》其文字多達一千二百餘字。《後賢傳》還載有常璩族人常勖、常騫、常寬等人傳記，此皆當時名賢，位於後賢之列符合情理，同時也是常氏家族榮耀。常氏爲江原望族，代有名人出，僅以常寬爲例，加以説明。常寬是一位博涉《史記》《漢書》，强識多聞，研究《詩》《書》《春秋》《禮》《易》的著名學者，尤於《周易》研究頗深，『著《典言》五篇，撰《蜀後志》及《後賢傳》，續陳壽《耆舊》作《梁益篇》』（《後賢志·常寬傳》）。常寬於蜀地文化之貢獻不可小覷。

《益梁寧三州先漢以來士女目録》爲目録體，此爲著録益、梁、寧三州自西漢至三國時期士女姓名、官職、籍貫，并冠以品題名目等内容，反映了當時品第人物的社會風氣。該《目録》以郡爲綱、朝代爲序，分别著録三州士女人物，叙事順序先賢士，後烈女。各郡賢士以西漢、東漢、三國劉氏世相區分，烈女殿於其後，各郡之後有統計數字，如蜀郡『右蜀郡士女七十四人，六十三人士，十一人女』等。以下依次爲巴郡、廣漢郡、犍爲郡、漢中郡、梓潼郡等士女目録，此外，還著録『在劉氏世』的漢嘉、牂牁、西城、永昌、建寧、朱提等地人士目録和人數以及江陽烈女姓名和人數。該目録總計『大凡三州十三郡自漢興至三國之終，士女載傳記者三百四十人（二百九十三人士，四十七人女）』。

該目録之後繼有《益梁寧三州三國兩晉以來人士目録》，此即後賢目録。它是以各郡爲序，分别著録生活在晉世人士的目録，篇末有常璩統計數字：『三州後賢五十一人，并前賢三百九十一人。』筆者按，《益梁寧三州先漢以來士女目録》稱：『大凡三州十三郡自漢興至三國之終，士女載傳記者三百四十人。』《益梁寧三州三國兩晉以來人士目録》載『三州後賢五十一人』。經筆者統計，三州先漢以來士女目録各郡士女總數爲三百四十九人，與常璩所云三百四十人不同。兩晉以來目録載後賢凡五十一人，常書爲確。

常璩，生活於晉世江原世族之家，曾在成漢爲官，并推動李勢降晉。當然，晉朝是封建地主階級建立的政權，他撰寫《華陽國志》就是站在晉王朝封建地主階級立場上，爲維繫其封建統治服務的，這也是他處於該時代的必然選擇。

常璩從維繫晉王朝中央政權的立場出發，把公孫述，劉焉、劉璋父子，蜀漢，成漢四個封建割據政權和晉朝的統一等王朝興替歸結於『歷數』『天命』，這是常璩『天命論』唯心史觀的具體表現。他通過對上述歷史的講述，旨在告誡統治者如何鞏固和加强封建統治，纔能避免重蹈敗亡的覆轍，進而達到『防狂狡，杜奸萌……顯賢能，著治亂』(《序志》)的政治目的。

常璩認爲志書的宗旨及社會作用應該具『五善』，即：『達道義，章法戒，通古今，表功勳，而後旌賢能。』(《序志》)很明顯，他是將東漢史學家荀悦有關撰史目的和作用的論述(荀悦《漢紀·高帝紀》)略加改變，移植到自己撰著的地方志中來，説明其撰述之旨趣與《漢紀》無异。也正是如此，常璩在該書中以大量篇幅對歷史人物、事件進行了系統記載。南宋李𡌴《重刊華陽國志叙》：『此尤足以弘宣風教，使善惡知所懲勸，豈但屑屑於山川、物産，以資廣見异聞而已乎！』正説明志書中有關人物記載遠較山川、物産等内容重要。其中深意在於大力弘揚『一方人物』，尤其對於『一方人物』的品鑒，乃是該書的主旨和核心價值之所在。

《序志》在寫法上頗受司馬遷史觀的影響，如『天人之際、存亡之術可以爲永鑒也』，與司馬遷『欲究天人之際，通古今之變』（《漢書·司馬遷傳》）立論頗爲相近。常璩是以王朝之更迭作爲歷史借鑒，用以維繫晉王朝封建統治的。此外，《序志》置於篇末，在總述之後，效法篇終『太史公自序』體例，對所載各篇大旨分别進行了概括和總結，以明其書各篇所作之由；又於每篇之末，以『撰曰』形式，例仿《史記》『太史公自序』，《漢書》『贊』，《三國志》『評曰』等，以此抒發對所述事物的看法，所有這些都是借鑒前人作史成功之例而爲，值得肯定。

《華陽國志》所依據資料

常璩在李勢統治時期官散騎常侍，掌著作，可以參閲大量官府檔案。他還依據大量史書、衆多有關蜀地的地記類文獻以及實地采訪獲得的資料，包括先人所傳及自己所聞。上述這些資料，當是常璩完成《華陽國志》一書的主要史實依據。這在《華陽國志》多篇中都有記載。在《序志》

裏有：『考諸舊紀，先宿所傳并《南裔志》，驗以《漢書》，取其近是及自所聞，以著斯篇，又略言公孫述《蜀書》咸熙以來喪亂之事，約取耆舊、士女、英彦……』又在《先賢士女總贊》後序中説『但依《漢書》《國志》陳君所載……』從而可知，常璩參考了大量有關史籍如《漢書》《三國志》《蜀書》以及各種舊紀以及《南裔志》等地方資料。《後賢志・陳壽傳》又説：『益部自建武後，蜀郡鄭伯邑、太尉趙彦信及漢中陳申伯、祝元靈、廣漢王文表皆以博學洽聞，作《巴蜀耆舊傳》，壽以爲不足經遠，乃并巴漢撰爲《益部耆舊傳》十篇。』陳壽是將鄭伯邑等人有關巴蜀人物傳經過考實訂補之後撰成《益部耆舊傳》的，其書『始漢及魏，焕乎可觀』（《序志》），這是常璩依據此書撰寫人物傳的重要理由。常璩還參考了族祖常寬所撰《蜀後志》《後賢傳》和《梁益篇》，杜襲撰《蜀後志》等書（《後賢志》）。

由於常璩爲蜀地人，對蜀地情况尤爲關注，其所述蜀地歷史頗爲詳盡，較陳壽《三國志》有關蜀漢事略勝一籌；有關蜀地東漢歷史又多爲范曄《後漢書》、酈道元《水經注》、崔鴻《十六國春秋》、裴松之《三國志注》等多種文獻所取資；於西南地區少數民族及其人物史事之叙述尤爲可貴。該書體例嚴謹，叙事有法，内容詳核，本末明晰，自成一家言，實爲集漢晉之世巴蜀地區地記之大成者。該書問世後，備受學者重視，唐代史家劉知幾認爲此書『能傳諸不朽』（劉知幾《史通・

雜述》），北宋方志學家吕大防稱此書『蜀記之可觀，未有過於此者』（吕大防《華陽國志序》）。

關於《華陽國志》的刻本

《華陽國志》成書後，刊刻本很多。今所知有北宋神宗元豐間（一〇七八—一〇八五）吕大防成都刻本、南宋嘉泰四年（一二〇四）李𡌴丹棱刻本，惜二書皆佚，惟二人之序尚存。明嘉靖四十二年（一五六三）劉大昌成都刻本，多半殘缺，惟明嘉靖四十二年（一五六三）張佳胤銅梁刻本，內容完整且版本較早，鏤刻樸拙清晰，惜缺失嘉靖癸亥五日張佳胤《刻華陽國志序》，幸同本副本尚存，其序云：『余往歲薄游江原，遵常氏之故墟，痛先民之如在，因憤漢以來地理諸典僅存類目，使往行嘉言沉淪略盡……顧前刻損逸，垂四百年，作者之功，幾同灰燼。余舊得鈔本於澶淵晁君石太史家，篇章所存，缺脱十五。後艤舟江陽，與成都楊用修夜談里中文獻，因請所藏璩《志》舊本，録之笥中。數年，余以罪謫陳、蔡間矣，邇又得副本於大梁朱灌甫氏。交互取質，魚亥稍明。今守蒲坂，退食既暇，采摭史志，或參證明訛，或附注鉤深，或循體準制，獨於疑闕不宜臆筆。爰付梓人，用章淹廢。惟巴郡士女，傳贊并逸。』由此可知，是書乃明嘉靖四十二年（一五六三）張佳胤刻本無誤。又該書《先賢士女總贊》於蜀郡士女贊第一之後，鐫有『佳胤按，常璩《三州士女目録·巴郡士女》範目以下共七十八人當列蜀郡後爲第二卷。今按，本志贊傳并缺，豈稱全典哉？自宋呂大防、李𡍼二刻已無聞矣，先民往則宜垂竹素，强識之士不重有感耶！』等語，足證是書爲張佳胤刻本無疑，是書現藏於中國國家圖書館。張佳胤（一五二七—一五八八），字肖甫，四川銅梁人。明嘉靖二十九年（一五五〇）進士，卒後，贈少保，謚襄憲。《明史》卷二百二十二有傳。

張佳胤本《華陽國志》爲現存最早、最完備的足刻本，堪稱善本。國家圖書館出版社據此本影印，讓世人目睹張本之原貌，不失爲明智之舉。可謂『經國之大業，不朽之盛事』！深信其書必將嘉惠士林，尤對學術界研究漢晉之世巴蜀地區，特别是西南少數民族歷史文化，發揮無可替代的作用。該書的出版，不待煩言，自是方志版本學領域一項重要學術成果。

是爲序。

呂志毅

二〇一八年五月於河北大學

總目録

第一册

第二册

第三册

第一册目録

據國家圖書館藏明嘉靖四十二年（一五六三）張佳胤刻本影印原書版框高十九點八厘米寬十三點二厘米

重刊華陽國志敘

宋丹稜李垕校塵譔

古者封建五等諸侯國皆有史以記事後世罷封建
爲郡縣然亦必有圖志以具述盖以疆域既殊風俗
各異山川有險要阨塞之當備郡邑有廢置割隷之
不常至於一土之行一民之謡皆有不可殁者顧非
筆之於書則不能也周官職方掌天下之地圖辨其
邦國都鄙夷蠻閩貊五戎六狄之人民與其財用之
數至於九穀之所宜六畜之所産亦未嘗不佔畢而
紀其詳況夫環數千里之地分城置邑殆踰數十中

間時異事變往往裂為偏方霸國其理亂得失蓋有繫天下大數安可使放絶而無聞乎此晋常璩華陽國志之作所以有補於史家者流也予嘗攷其書部分區別各有條理其指歸有三焉首述巴蜀漢中南中之風土次列公孫述劉二牧蜀二主之興廢及晋太康之混一以迄於特雄壽勢之僭竊繼之以兩漢以來先後賢人梁益寧三州士女摠讃序志終焉就其三者之間於一方人物尤致深意雖侏離之氓賤俚之婦苟有可取在所不棄此尤足以弘宣風教使善惡知所懲勸豈但屑屑於山川物產以資廣見異

聞而已乎本朝元豐間呂汲公守成都嘗刊是書以
廣其傳而載禩荒忽刓缺愈多觀者莫曉予每患此
久矣假守臨邛官居有暇盖嘗博訪善本以證其誤
而莫之或得因摭兩漢史陳壽蜀書益部耆舊傳互
相參訂以決所疑凡一事而先後失序本末舛逆者
則考而正之一意而詞旨重複句讀錯雜者則刊而
去之設或字誤而文理明白者則因而全之其它旁
搜遠取求通于義者又非一端凡此皆有明驗可信
不誣者若其無所考據則亦不敢臆決姑闕之以俟
能者然較以舊本之訛謬大略十得五六矣鋟木既

具輙叙所以冠於篇首好古博雅與我同志者顧無

以夏五郭公之義而律之嘉泰甲子季夏朔日序

華陽國志序

吕大防微仲譔

先王之制自二十五家之閭書其恭敏任恤等而上之或月書其學行或嵗考其道德故民之賢能衺惡其吏無不與知之者焉漢魏以還井地廢而王政缺然猶時有所考察旌勸而州都中正之職尚修於群國鄉閭士女之行多見於史官隋唐急事緩政此制遂廢而不舉潛德隱行非野史紀述則悉無見於時民日益滴俗日益卑此有志之士所為歎惜也晉常璩作華陽國志於一方人物丁寧反覆如恐有遺雖

蠻髦之民井臼之婦苟有可紀皆著於書且云得之陳壽所為耆舊傳按壽嘗為郡中正故能著述若此之詳自先漢至晉初踰四百歲士女可書者四百人亦可謂衆矣復自晉初至于周顯德僅七百歲而使所紀者無幾人忠䰟義骨與塵埃野馬同沒於丘原者蓋亦多矣豈不重可歎惜哉此書雖繁富不及承祚之精微然議論忠篤樂道人之善蜀記之可觀未有過於此者鏤行諸世庶有益於風教云宋元豐戊申秋日序

華陽國志目録

校刻華陽國志凡例

一志字脱悞據史傳證易餘仍闕疑統貽強聞之士

一先賢志遺第二卷巴郡士女計七十八人傳讃故舊逸也宋李叔廛校刻曾未指出今考明闕之庶備摻補

一後賢志以讃冠篇首始次第列傳今取先賢士女志准其例成一家體

一志傳中文較史傳多省竄至不可解或地理名與史傳異者各註引明之

一三州士女目録人多遺逸本列傳中表出

一考常氏士女共得十九人璩書未盡及之特録出附在卷末

華陽國志卷第一

巴志

昔在唐堯洪水滔天鯀功無成聖禹嗣興導江疏河
百川蠲修封殖天下因古九圍以置九州仰稟參伐
俯壤華陽黑水江漢為梁州厥土青黎厥田惟下上
厥賦惟下中厥貢璆鐵銀鏤砮磬熊羆狐狸織皮於
是四奧既宅九州逌同六府孔脩庶土交正底眘財
賦成貢中國蓋時雍之化東被西漸全歷夏殷周九
州牧伯率職周文為伯西有九國及武王克商并徐
合青省梁合雍而職方氏猶掌其地辨其土壤甄其

實利起于秦帝漢興高祖藉之成業乃改雍曰凉革
梁曰益故巴漢庸蜀屬益州至魏咸熈元年平蜀始
分益州巴漢七郡置梁州治漢中以相國參軍中山
耿黼為刺史
元康六年廣漢益州更割雍州之武都陰平荆州之
新城上庸魏興以屬焉凡統郡一十一縣五十八洛
書曰人皇始出繼地皇之後兄弟九人分理九州為
九囿人皇居中州制八輔華陽之壤梁岷之域是其
一囿囿中之國則巴蜀矣其分野輿鬼東井其君上
世未聞五帝以来黄帝高陽之支庶世為侯伯及禹

治水命州巴蜀以屬梁州禹娶於塗山辛壬癸甲而
去生子啓呱呱啼不及視三過其門而不入室務在
救時今江州塗山是也帝禹之廟銘存焉會諸侯於
會稽執玉帛者萬國巴蜀往焉周武王伐紂實得巴
蜀之師著乎尚書巴師勇鋭歌舞以凌殷人倒戈故
世稱之曰武王伐紂前歌後舞也武王既克殷以其
宗姬於巴爵之以子古者遠國雖大爵不過子故吳
楚及巴皆曰子　其地東至魚復西至僰道北接漢
中南極黔涪土植五穀牲具六畜桑蠶麻紵魚鹽銅
鐵丹漆茶蜜靈龜巨犀山鷄白雉黃潤鮮粉皆納貢

之其果實之珍者樹有荔支蔓有辛蒟園有芳蒻香茗給客橙葵　其藥物之異者有巴戟天椒竹木之璝者有桃支靈壽其名山有塗籍靈臺石書刊山其民質直好義土風敦厚有先民之流故其詩曰川崖惟平其稼多黍旨酒嘉穀可以養父野惟阜丘彼稷多有嘉穀旨酒可以養母其祭祀之詩曰惟月孟春獺祭彼崖永言孝思享祀孔嘉彼黍既潔彼儀惟澤蒸命良辰祖考來格其好古樂道之詩曰日月明明亦惟其名誰能長生不朽難獲又曰惟德實寶富貴何常我思古人令問令望而其失在於重遲魯鈍

俗素樸無造次辨麗之氣其屬有濮賨苴共奴獽夷蜑之蠻周之仲世雖奉王職與秦楚鄧為比春秋魯桓公九年巴子使韓服告楚請與鄧為好楚子使道朔將巴客聘鄧鄧南鄙攻而奪其幣巴子怒伐鄧敗之其後巴師楚師伐申楚子驚巴師　魯莊公十八年巴伐楚克之　魯文公十六年巴與秦楚共滅庸哀公十八年巴人伐楚敗於鄾　是後楚主夏盟秦擅西土巴國分遠故於盟會希與戰國時甞與楚婚及七國稱王巴亦稱王　周之季世巴國有亂將軍蔓子請師於楚許以三城楚王救巴巴國既寧楚使

請城蔓子曰藉楚之靈克弭禍難誠許楚王城將吾頭往謝之城不可得也乃自刎以頭授楚使王歎曰使吾得臣若巴蔓子用城何為乃以上卿禮葬其頭巴國葬其身亦以上卿禮　周顯王時楚國衰弱秦惠文王與巴蜀為好蜀王弟苴私親於巴巴蜀世戰爭　周慎王五年蜀王伐苴侯苴侯奔巴巴為求救於秦秦惠文王遣張儀司馬錯救苴巴遂伐蜀滅之儀貪巴苴之富因取巴執王以歸置巴蜀及漢中郡分其地為一縣儀城江州司馬錯自巴涪水取楚商於之地為黔中郡　秦昭襄王時白虎為害自秦蜀

巴漢患之秦王乃重募國中有能煞虎者邑萬家金帛稱之於是夷朐忍廖仲藥何射虎秦精等乃作白竹弩於高樓上射虎中頭三節白虎常從羣虎瞋恚盡搏煞羣虎大吼而死秦王嘉之曰虎歷四郡害千二百人一朝患除功莫大焉欲如要王嫌其夷人乃刻石為盟要復夷人頃田不租十妻不筭傷人者論煞人顧死倓錢（倓蠻夷賧罪貨）盟曰秦犯夷輸黃龍一雙夷犯秦輸清酒一鍾夷人安之漢興亦從高祖定秦有功高祖因復之專以射白虎為事戶歲出賨錢口四十故世號白虎復夷一曰板楯蠻今所謂弜頭虎子

者也　漢高帝滅秦為漢王王巴蜀閬中人范目有恩信方略知帝必定天下說帝為募發賨民要與共定秦秦地既定封目為長安建章鄉侯帝將討關東賨民皆思歸帝嘉其功而難傷其意遂聽還巴謂目曰富貴不歸故鄉如衣繡夜行耳徙封閬中慈鄉侯目固辭乃封渡沔縣侯故世謂三秦亡范三侯也目復除民羅朴昝鄂度夕龔七姓不供租賦　閬中有渝水賨民多居水左右天性勁勇初為漢前鋒陷陣銳氣喜舞帝善之曰此武王伐紂之歌也乃令樂人習學之今所謂巴渝舞也天下既定高帝乃分巴置

廣漢郡　孝武帝又兩割置犍為郡故世曰分巴割
蜀以成犍廣也　自時厥後五教雍和秀茂挺逸英
偉既多而風謠旁作故朝廷有忠貞盡節之臣鄉黨
有主文歌詠之音巴郡譙君黄仕成哀之世為諫議
大夫數進忠言後違避王莽又不事公孫述述怒遣
使齎藥酒以懼之君黄笑曰吾不省藥乎其子瑛納
錢八百萬得免國人作詩曰肅肅清節士執德寔固
貞違惡以授命没世遺令聲
巴郡陳紀山為漢司隸校尉嚴明正直西屬獻賊王
庭試之分公卿以為嬉紀山獨不視京師稱之巴人

歌曰築室載直梁國人以貞真邪娱不揚目枉行不
動身奸軌僻乎遠理義協乎民
巴郡嚴王思為楊州刺史惠愛在民每當遷官吏民
塞路攀轅詔遂留之居官十八年卒百姓若喪考妣
義送者齎錢百萬欲以贍王思家其子徐州刺史不
受送吏義崇不忍持還乃散以為食食行客巴郡太
守汝南應季先善而美之乃作詩曰乘彼西漢潭潭
其淵君子愷悌作民二親没世遺愛式鏡後人 漢
安帝時巴郡太守連失道國人風之曰明明上天下
土是觀帝選元后求定民安孰可不念禍福由人願

君奉詔惟德日親

永初中廣漢漢中羌反雹及巴郡有馬妙祈妻義王元憒妻姬趙蔓君妻華夙喪夫執共姜之節守一醮之禮號曰三貞遭亂兵迫匿懼見拘辱三人同時自沉于西漢水而沒死有黃鳥鳴其上處徘徊焉國人傷之乃作詩曰關關黃鳥爰集于樹窈窕淑女是繡是黼惟彼繡黼其心匪石嗟爾臨川邈不可獲

永建中泰山吳資元約為郡守屢獲豐年民歌之曰習習晨風動澍雨潤乎苗我后邮時務我民以優饒及資遷去民人思慕又曰望遠忽不見惆悵嘗依徊

恩澤實難忘悠悠心永懷

孝恒帝時河南李盛仲和為郡守貪財重賦國人刺之曰狗吠何諠諠有吏来在門披衣出門應府記欲得錢語窮乞請期吏怒反見尤旋步顧家中家中無可與思往從鄰貸鄰人以言遺錢錢何難得令我獨憔悴

漢末政衰牧守自擅民人思治作詩曰混混濁沼魚習習激清流温温亂國民業業仰有儞　其德操仁義文學政幹若洛下閎任文公馮鴻卿龐宣孟玄文和趙温柔龔升侯楊文義等播名立事言行表世者

不勝次載著也
孝安帝元初三年梁州羌反入漢中殺太守董炳擾動巴中中郎將尹就討之不克益州諸郡皆起兵禦之三府舉廣漢王堂為巴郡太守撥亂致治進賢達士貢孝子嚴永隱士黃錯名儒陳髦俊士張璊皆至大位益州刺史張喬表其尤異徙右扶風民為立祠
孝桓帝以并州刺史泰山但望字伯闔為巴郡太守勤恤民隱郡文學掾宕渠趙芬弘農馮尤墊江龔榮王祈李溫臨江嚴就胡良文愷安漢陳禧閬中黃閶江州毋成陽譽喬就張紹牟存平直等詣望自訟曰

郡境廣遠千里給吏無将人從冬往夏還夏單冬複
惟踰時之後懷怨曠之思其憂喪吉凶不得相見鮮
緩補綻下至薪菜之物無不躬買於市富者財得自
供貧者無以自久是以清儉夭枉不聞加以水陸艱
難山有猛禽思迫期會隕身江河投死虎口咨嗟之
歎歷世所苦天之應感乃遭明府欲為更新童兒匹
婦懽喜相賀将去遠就近釋危蒙安縣無數十民無
遠邇恩加未生澤及来世巍巍之功勒於金石乞以
文書付計掾史人鬼同符必獲嘉報芬等幸甚望深
納之郡戶曹史枳白望曰芬等前後百餘人歷政訟

訴未蒙感寤明府運機布政稽當皇極為民庶請命救患德合天地澤潤河海開闢以来今遇慈父經曰奕奕梁山惟禹甸之有倬其道韓侯受命比隆等盛於斯為美永興二年三月甲午望上疏曰謹按巴郡圖經境界南北四千東西五千周萬餘里屬縣十四鹽鐵五官各有丞史户四十六萬四千七百八十口百八十七萬五千五百三十五遠縣去郡千二百至千五百里鄉亭去縣或三四百或及千里土界遐遠令尉不能窮詰姦凶時有賊發督郵追案十日乃到賊已遠逃蹤迹絶滅罪逮捕證驗文書詰訊即從春

至冬不能究訖繩憲未加或遇德令是以賊盗公行姦宄不絶榮等及隴西太守馮含上谷太守陳弘説往者至有劫閬中令楊殷終津侯姜昊傷尉蘇鴻彭亭侯孫魯雍亭侯陳已殷侯樂普又有女服賊千有餘人布散千里不即發覺謀成乃誅其水陸覆害煞郡掾枳謝盛塞威張御魚復令尹尋主簿胡直若此非一給吏休謁往還數千閑因須報或有彈劾動便歷年吏坐踰科恐失冬節侵疑先死如當移傳不能待報輙自刑戮或長吏忿怒寃枉弱民欲赴訴郡官每憚還往太守行桑農不到四縣刺史行部不到十

縣郡治江州時有溫風遥縣客吏多有疾病地勢剛
嶮皆重屋累居數有火害又不相容結舫水居五百
餘家承三江之會夏水漲盛壞散顛溺死者無數而
江州以東濵江山險其人半楚姿態敦重墊江以西
土地平敞精敏輕疾上下殊俗情性不同敢欲分為
二郡一治臨江一治安漢各有桑麻丹漆布帛漁池
鹽鐵足相供給兩近京師榮等自欲義出財帛造立
府寺不費縣官得百姓懽心孝武以來亦分吳蜀諸
郡聖德廣被民物滋繁增置郡土釋民之勞誠聖主
之盛業也雖貪大郡以自優暇不忍小民顒顒蔽隔

謹具以聞朝議未許遂不分郡分郡之議始於是矣哉

順桓之世板楯數反太守蜀郡趙溫恩信降服於是宕渠出九穗之禾朐忍有連理之木光和二年板楯復叛攻害三蜀漢中州郡連年苦之天子欲大軍出時征役疲弊問益州計曹考以方略益州計曹掾程包對曰板楯七姓以射白虎為業立功先漢本為義民復除傜役但出賨錢口歲四十其人勇敢能戰昔羌數入漢中郡縣破壞不絶若線後得板楯來虜殄盡號為神兵羌人畏忌傳語種輩勿復南行後建寧

後漢作建和二年羌復入漢牧守遑遑復賴板楯破之若
徵板楯則蜀漢之民為左衽矣前車騎將軍馮緄南
征雖授丹楊精兵亦倚板楯近益州之亂朱龜以并
涼勁卒討之無功太守李顒以板楯平之忠功如此
本無惡心長吏鄉亭更賦至重僕役過於奴婢箠楚
隆於囚虜至乃嫁妻賣子或自剄割陳冤州郡牧守
不理去闕庭遥遠不能自聞含怨呼天叩心窮谷愁
於賦役困乎刑酷邑域相聚以致叛戾非有深謀至
計僭號不軌但選明能牧守益其資穀安便賞募從
其利隟自然安集不煩征伐也昔中郎將尹就伐羌

擾動益部百姓謗云虜来尚可尹将殺我就徵還後
羌自破退如臣愚見權之遣軍不如任之州郡天子
從之遣太守曹謙宣詔降赦一朝清戢
獻帝初平元年征東中郎将安漢趙頴建議分巴為
二郡頴欲得巴舊名故白益州牧劉璋以墊江以上
為巴郡江南龐羲為太守治安漢以江州至臨江為
永寧郡朐忍至魚復為固陵郡巴遂分矣
建安六年魚復蹇徹白璋爭巴名璋乃改永寧為巴
郡以固陵為巴東徙羲為巴西太守是為三巴於是
涪陵謝本白璋求以丹興漢髮二縣為郡初以為巴

東鄙國後遂為涪陵郡分後屬縣七戶二萬去洛三
千七百八十五里東接朐忍西接符縣南接涪陵北
接安漢德陽
巴子時雖都江州或治墊江或治平都後治閬中其
先王陵墓多在枳其畜牧在沮今東突硤下畜沮是
也又立市於龜亭北岸今新市里是也其郡東枳有
明月硤廣德嶼故巴亦有三峽
巴楚數相攻伐故置扞關陽關及沔關
漢世郡治江州巴水北有柑橘官今北府城是也後
乃還南城劉先主初以江夏費禕為太守領江州都

督後都護李嚴更城大城周廻十六里欲穿城後山
自汶江通水入巴江使城為州求以五都置巴州丞
相諸葛亮不許亮将北征召嚴漢中故穿山不逮然
造蒼龍白虎門別郡縣倉皆有城嚴子豐代為都督
豐解後梓潼李福為都督
延熈中車騎将軍鄧艾為都督治陽關　十七年省
平都樂城常安
咸熈元年但四縣以鎮西參軍隴西怡思和為太守
二部守軍
江州縣郡治塗山有禹王祠及塗后祠北水有銘書

詞云漢初犍為張君為太守忽得仙道從此升渡今
民曰張府君祠縣下有清水穴巴人以此水為粉則
膏暉鮮芳貢粉京師因名粉水故世謂江州墮林粉
也有荔芰園至熟二千石常設廚膳命士大夫共會
樹下食之縣北有稻田出御米陂池出蒲蒻藺席其
冠族有波鈆毋謝然㦨楊白上官程常世有大官也
枳縣郡東四百里治涪陵水會土地确瘠時多人士
有章常連黎牟楊郡冠首也
臨江縣枳東西百里接朐忍有鹽官在監除二溪一
郡所仰其豪門亦家有鹽井又嚴甘文楊杜為大姓

晉初文立實作常伯納言左右楊宗符稱武隆人在吴為孫氏虎臣也

平都縣蜀延熙時省大姓殷吕蔡氏

墊江縣郡西北中水四百里有桑蠶牛馬漢時龔榮以俊才為荆州刺史後有龔楊趙敏令德為巴郡太守淳于長寧雅有美貌黎夏杜皆大姓也

樂城縣在西州江三百里延熙十七年省常安縣亦省

巴東郡先主入益州改為江關都尉建安二十一年以朐忍魚復羊渠按晉志巴東郡有宕渠及宜都巫北井六縣

為固陵郡武陵康立為太守章武元年朐忍徐慮魚復蹇機以失巴名上表自訟先主聽復為巴東南郡輔斥為太守先主征吳於夷道還薨斯郡以尚書令李嚴為都督造設圍戍嚴還江州征西將軍汝南陳到為都督到卒官以征北大將軍南陽宗預為都督預還內領軍襄陽羅獻為代蜀平獻仍其任拜凌江將軍領武陵太守

泰始二年吳大將步闡唐咨攻獻獻保城咨西侵至朐忍故蜀尚書郎巴郡楊宗告急于洛未還獻出擊闡大破之闡咨退獻遷監軍假節安南將軍封西鄂

侯入朝加錫御蓋朝服吳武陵太守孫恢寇南浦安蠻護軍楊宗討之退走因表以宗為武陵太守住南浦誘卹武陵蠻夷得三縣初附民獻卒以犍為太守天水楊攸為監軍攸遷梁州刺史朝議以唐彬及宗為代晉武帝問散騎常侍文立曰彬宗孰可用立對曰彬宗俱立事績在西不可失者然宗才誠佳有酒嗜彬亦其人性在財欲惟陛下裁之帝曰財欲可足酒嗜難改遂用彬為監軍加廣武將軍 迄吳平巴東後省羊渠置南浦

晉太康初將巫北井還建平但五縣去洛二千五百

里東接建平南接武陵西接巴郡北接房陵奴獽夷蜑之蠻民

魚復縣郡治公孫述更名白帝章武二年改曰永安咸熙初復有橘官又有澤水神天旱鳴鼓於傍即雨也

朐忍縣西二百九十里水道有東陽下瞿數灘山有大小石城並靈壽木鹽井靈龜咸熙元年獻靈龜於相府　大姓扶先徐氏漢時有扶徐荆州着石楚訪有弜頭白虎復夷者也着石楚訪四字未詳○弜其兩切又魁移切弓彊貌又渠驪切又渠良切文一重音三

漢豐縣建安二十一年置在郡西北彭溪源

南浦縣郡南三百里晉初置主𧙗

郡與楚接人多勁勇少文學有將帥材

涪陵郡巴之南鄙從枳南入折丹涪水本與楚商於之地接秦將司馬錯由之取楚商於地為黔中郡也後恒有都尉守之舊屬縣五去洛五千一百七十里東接巴東南接武陵西接牂柯北接巴郡土地山險水灘人多戇勇多獽蜑之民縣邑阿黨鬬訟必死無蠶桑少文學惟出茶丹漆蜜蠟漢時赤甲軍常取其民蜀丞相亮亦發其勁卒三千人為連弩士遂移家

漢中延熙十三年大姓徐巨反車騎将軍鄧芝討平之見玄猿緣其山芝性好弩手自射猨中之猿子拔其箭卷木葉塞其創芝嘆曰嘻吾傷物之性其将死矣乃移其豪徐藺謝范五千家於蜀為獵射官分羸弱配督将韓蔣名為助郡軍遂世掌部曲為大姓晉初移弩士于馮翊蓮勺其人性質直雖徙他所風俗不變故迄今有蜀漢關中涪陵其為軍在南方者猶存 山有大龜其甲可卜其緣可作叉世號靈叉 出

涪陵縣郡治

丹興蜀時省山出名丹

漢平縣延熙十三年置

萬寧縣孝靈帝時本名永寧

漢髮縣有鹽井諸縣北有獽蜑又有蟾夷也

巴西郡屬縣七去洛二千八百一十五里東接巴郡南接梓潼北接梁西城土地山原多平有牛馬桑蠶人自先漢以来傀偉倜儻冠冕三巴及郡分後叔布嫈始周羣父子程公弘等或學兼三才或精秀奇逸其次馬盛衡承伯才藻清妙龔德緒兄弟英氣曄然黄公衡應權通變馬德信王子均勾孝興張伯岐建功立事劉二主之世稱美荆楚乃先漢以来馮車騎

范鎮南皆植斯鄉故曰巴有將蜀有相也及晉譙侯
脩文於前陳君煥炳於後並遷雙固倬羣頴世𩀌在
傳記縉紳之徒不勝次載焉
閬中縣郡治有彭池大澤名山靈臺見文緯書讖大
姓有三狐五馬蒲趙任黃嚴也
南充國縣和帝時置有鹽井大姓侯譙氏安漢縣號
出人士大姓陳范閻趙
平州縣其二縣爲郡
宕渠郡延熙中置以廣漢王士爲太守郡建九年省
永興元年李雄復置今遂爲郡長老言宕渠蓋爲故

賨國今有賨城盧城秦始皇時有長人二十五丈見宕渠秦史胡毋敬曰是後五百年外必有異人為大人者及雄之王祖世出自宕渠有識者皆以為應之先漢以來士女賢貞縣民車騎將軍馮緄大司農玄賀大鴻臚龐雄桂陽太守李温等皆建功立事有補於世緄温各葬所在常以三月二子之靈還鄉里水暴漲郡縣吏民莫不於水上祭之其列女節義在先賢志

宕渠縣郡治有鐵官石蜜山圖所採也

漢昌縣和帝時置大姓勾氏

宣漢縣今省

右巴國分為五郡二十三縣

譔曰巴國遠世則黃炎之支封在周則宗姬之戚親故於春秋班侔秦楚示甸衛也若蔓子之忠烈范目之果毅風淳俗厚世挺名將斯乃江漢之含靈山嶽之精爽乎觀其俗足以知其敦一矣昔沙麓崩卜偃言其後當有聖女興元城郭公謂土崩隣屬當其時故有政君李雄宕渠崇之厮伍略陽之黠首耳起自流隷君獲士民其長人之夐良有以也

華陽國志卷第一

華陽國志卷第二

漢中志

漢中郡本附庸國屬周赧王二年秦惠文王置郡因水名也漢有二源東源出武都氐道漾山因名漾禹貢流漾為漢是也西源出隴西嶓冢山會白水經葭萌入漢始源曰沔故曰漢沔在詩曰滔滔江漢南國之紀其應上昭于天又曰惟天有漢其分野與巴蜀同占其地東接南郡南接廣漢西接隴西陰平北接秦川厥壤沃美賦貢所出略侔三蜀六國時楚彊盛略有其地後為秦恒成爭地漢高帝既克秦獲子嬰

項羽封高帝為漢王王巴蜀三十一縣帝不悅丞相蕭何諫曰雖王漢之惡不猶愈於死乎且語曰天漢其稱甚美夫能屈於一人之下則伸於萬乘之上者湯武是也願大王王漢中撫其民以致賢人收用巴蜀還定三秦天下可圖也帝從之都南鄭及項籍弒義帝高帝東伐蕭何常居守漢中足食足兵既定三秦蕭何鎮關中資其衆卒平天下以田叔為漢中守屬縣十一去洛一千九十一里叔既饋以軍鑲又致名材立宮室帝嘉之後為酇相然以帝業所興不封藩王自叔之後世脩文教有俶儻之士興人竝挺鄧

公抗言於孝景之朝以明忠枉之情張騫特以蒙險
遠為孝武帝開緣邊之地賓沙越之國致大宛之馬
入南海之象而車渠瑪瑙珊瑚琳碧劂寶明珠玳瑁
虎魄水晶琉璃火浣之布蒲桃之酒筇竹蒟醬殊方
奇玩盈於市朝振揚威靈被於幽裔遂登九列杖節
繡衣剖符傳望谷口子真秉箕穎之操湛然岳立不
營不求德聲邁流楊王孫應至人之概　自建武以
後羣儒脩業開按圖緯漢之宰相當出坤鄉於是司
徒李公屢登七政太傅子堅弈世論道其珪璋瑚璉
之器則陳伯臺李季子申伯之徒文秀瑋曄其州牧

郡守冠蓋相繼於西州為盛蓋濟濟焉

莽時公孫述據蜀跨有漢中當秦隴之徑每罹其害

安帝永初二年陰平武都羗反入漢中殺太守董炳

没略吏民

四年羗復来太守鄭廑出屯襃中欲與羗戰主簿段

崇陳禪以為但可堅守来虜乗勝其鋒不可當廑不

從戰敗績崇與門下吏王宗原展及崇子勃兄子伯

生力戰捍廑并命功曹程信素居守馳来赴難冒寇

殯殮廑虜遂太盛天子乃拜巴郡陳禪為漢中太守

虜素憚禪更来盤結禪知攻守未可卒下而年荒民

困乃矯詔赦之大小咸服既誅其亂首天子善之徙禪左馮翊太守程信怨恥乃結故吏冠蓋子弟嚴孳李容姜濟陳巳曹廉勾矩劉旌等二十五人誓志報羌各募壯士豫結同死以待寇太守鄧成命信為五官孳等門下官屬

元和二年羌復来巴郡板楯捄之信等将其士卒力奮討大破之信被八創二十五人戰死自是後羌不敢南向　五年天子下詔褒歎信等賜其家穀各千斛宗展孳等家穀各五百斛列畫東觀每新太守到必先存問其家以羌畏服陳禪拜禪子澄漢中太

守
漢末沛國張陵學道於蜀鶴鳴山造作道書自稱太清玄元以惑百姓陵死子衡傳其業衡死子魯傳其業魯字公祺以鬼道見信於益州牧劉焉魯母有少容往來焉家　初平中以魯爲督義司馬住漢中斷谷道魯既至行寬惠以鬼道教立義舍置義米義肉其中行者取之量腹而已不得過過多云鬼病之其市肆價平亦然犯法者三原而後行刑學道未信者謂之鬼卒後乃爲祭酒巴漢夷民多便之其供通限出五斗米故世謂之米道扶風蘇固爲漢中太守魯

遣其黨張脩攻固城固人陳調素遊俠學兵法固以為門下掾說固守扞禦寇之術固不能用踰墻走投南鄭趙嵩嵩將俱逃賊㦸固遣嵩求隱避處嵩未還固又令鈴下偵賊賊得鈴下遂得殺固嵩痛憤仗劒直入調亦聚其賓客百餘人攻脩戰死魯遂有漢中數害漢使焉上書言米賊斷道　至劉焉子璋為牧時魯益驕恣璋怒

建安五年殺魯母弟魯率巴夷杜濩朴胡袁約等叛為讎敵魯時使使漢朝亦慢慠帝室以亂不能征就拜中郎將漢寧太守不置長吏皆以祭酒為治民璋

數遣龐羲李思等討之不能克而巴夷日叛乃以羲為巴西太守又遣楊懷高沛守關頭請劉先主討魯先主更襲取璋　二十年魏武帝西征魯魯走巴中先主將迎之而魯功曹巴西閻圃說魯北降歸魏武贊以大事宜附託不然西結劉備以歸之魯勃然曰寧為曹公作奴不為劉備上客遂委質魏武武帝拜魯鎮南將軍封襄平侯又封其五子皆列侯　時先主東下江安巴漢稽服魏武以巴夷王杜濩朴胡袁約為三巴太守留征西將軍夏侯淵及張郃益州刺史趙顒等守漢中遷其民於關隴　二十四年春先

主進軍攻漢中至定軍淵郃頥來戰大為先主所破將軍黄忠斬淵頥首　魏武帝復西征先主先主曰孟德雖來無能為也我必有漢川矣先主遂為漢中王將還成都當得重將以鎮漢中衆皆以必張飛飛心亦自許先主乃以牙門義陽魏延為鎮遠將軍漢中太守先主大會羣臣問延曰今委卿以漢中卿居之若何對曰若曹操舉天下而來請為大王拒之若偏將十萬而來請為大王吞之衆壯其言初魏武之留淵郃也以鷄肋示外外人莫察惟主簿楊脩知之故曰夫鷄肋棄之如可惜食之無所得以比漢中

也

是後屢蜀魏界固險重守自丞相大司馬大將軍皆鎮漢中　蜀平梁州治沔陽　大康中晉武帝子漢王廸受封吏曰漢國郡但六縣

南鄭縣郡治周貞王十六年秦厲公城之有池水從旱山来入沔大姓李程趙氏

沔陽縣州治有鐵官又有度水水有二源一曰清檢二曰濁檢有魚穴清水出鱮濁水出鮒常以二月八月取蜀丞相諸葛亮葬定軍山

褒中縣孝昭帝元鳳六年置本都尉治也山名扶木有唐公房祠也

城固縣蜀時以沔陽為漢城城固為樂城蒲池縣

西鄉縣

魏興郡本漢中西城縣

哀平之世縣民錫光字長冲為交州刺史徙交阯太守王莽簒位拒郡不附莽方有事海内未以為意尋值所在兵遂起自守　更始即祚正其本官世祖嘉其忠節徵拜為大将軍朝侯祭酒封鹽水侯

後漢中數寇亂縣土獨存漢季世别為郡

建安二十四年劉先主命宜都太守孟達從秭歸北伐房陵上庸自漢中又遣副軍中郎将劉封乘沔水

會達上庸以申耽弟儀為建信將軍西城太守達耽降魏

黄初二年文帝轉儀為魏興太守封鄖鄉侯　蜀平遂治西城屬縣六户萬去洛一千七百土地險隘其人半楚風俗略與荆州沔中郡同

西城縣郡治元康元年封越騎校尉蜀郡何攀為公國也

錫縣　安康縣　興晉縣晉置

鄖鄉縣本名長利縣縣有鄖鄉

洵陽縣洵水所出

上庸郡故庸國楚與巴秦所共滅者也秦時屬蜀後屬漢中

漢末為上庸郡

建安二十四年孟達劉封征上庸上庸太守申躭稽服遣子弟及宗族詣成都先主拜躭征北將軍封鄖鄉侯仍郡如故

黃初中降魏魏文帝拜躭懷集將軍徙居南陽省上庸幷新城孟達誅後復為郡屬縣五户七千去洛一千七百里

上庸縣郡治　北巫縣　安樂縣咸熈元年為公國

封劉後主也
武陵縣　安富縣　微陽縣晉書上庸郡有上廉無安樂
新城郡本漢中房陵縣也秦始皇徙吕不韋舍人萬家於房陵以其隘地也　漢時宗族大臣有罪亦多徙此縣　漢末以為房陵郡
建安二十四年孟達征房陵殺太守蒯祺進平三郡與劉封不和封奪達鼓吹關羽圍樊城求助於封達封達以新據山郡未可擾動為辭羽為吳所破殺達既忿封又懼先主見責遂拜書先主告叛降魏魏文帝善達姿才容觀以為散騎常侍建武將軍襲劉封

封敗走達據房陵文帝合三郡為新城以達為太守
後蜀丞相諸葛亮將北伐招達為外援故貽書曰嗟
乎孟子度邇者劉封侵凌足下以傷先帝待士之望
慨然永歎每存天下平素之志豈虛託名載策者哉
都護李嚴亦與書曰吾與孔明並受遺詔思得良伴
吳王孫權亦招之達遂背魏通吳蜀表請焉誓於文
帝撫軍司馬宣王以為不可許帝曰吾為天下主義
不先負人當使吳蜀知吾心乃多與之過其所求
明帝太和初達叛魏歸蜀時宣王屯宛知其情乃以
書喻之曰將軍昔棄劉備託身國家委將軍以疆埸

之任任將軍以圖蜀之事可謂心貫白日蜀人愚智
莫不切齒於將軍諸葛亮欲相破惟苦無路耳模之
所言郭模亮遣詐降洩孟達謀者非小事也亮豈輕之而令宣露
此殆易知耳達乃以書與亮曰宛去洛八百去此千
二百里聞吾舉事當表上天子比相反覆一月間也
則吾城已固諸軍足辦則吾所在深險司馬公必不
自來諸將來吾無患矣及兵到達又告亮曰吾起事
八日而兵至城下何其神速也亮以其數反覆亦不
救遂為宣王所誅滅　宣王分為三郡新城屬縣四
戶二萬去洛一千六百里　房陵縣有維山維水所

出東入瀘瀘字疑誤當作漢○又按巴漢志新城郡有維水所出亦云東入瀘

沶鄉縣　昌魏縣　綏陽縣

右三郡漢中所分也在漢之東故蜀漢謂之東三郡蜀時為魏屬荆州晉元康六年始還梁州山水艱阻有黄金子午馬聰建鼓之阻又有作道九君博土作人處而其記及漢中記不載又不為李雄所據璩識其大梗概未能詳其小委曲也

梓潼郡本廣漢屬縣也

建安十八年劉先主自葭萌南攻州牧劉璋留中郎將南郡霍峻守葭萌城張魯遣將楊帛誘峻求共城

守峻曰小人頭可得城不可得也帛退劉璋將向存扶禁由巴閬水攻峻歲餘不能克峻衆才八百人存衆萬計更爲峻所破敗退走成都既定先主嘉峻功二十二年分廣漢置梓潼郡以峻爲太守屬縣六戶萬去洛二千八百三十八里東接巴西南接廣漢西接陰平北接漢中土地出金銀丹漆藥蜜也世有雋彥人侔於巴蜀

梓潼縣郡治有五婦山故蜀五丁士所拽虵崩山處也有善板祠一曰惡子民歲上雷杼十枚歲盡不復見云雷取去四姓文景雍鄧者也

涪縣去成都三百五十里水通于巴為蜀東北之要蜀時大将軍鎮之有宕田平稻田孱水出孱山其源有金銀鑛洗取火融合之為金銀陽泉出石丹大司馬蔣琬葬此大姓楊杜李人士多見耆舊也

晉壽縣本葭萌城劉氏更曰漢壽水通于巴西又入漢川有金銀鑛民今歲歲取洗之蜀亦大将軍鎮之漈藥蜜所出也大将軍費禕塟此山大姓葬此者多

白水縣有關尉故州牧璋将楊懷高沛守也

廣漢縣　德陽縣　有劍閣道三十里至險有閣尉桑下兵民也

武都郡本廣漢西部都尉治也
元鼎六年别為郡屬縣九户萬去洛一千八百七十
八里東接梓潼西接天水北接始平土地崄阻有麻
田氏傁多羌戎之民其人半秦多勇戇出名馬牛羊
漆蜜有瞿堆百頃崄勢氏傁常依之為叛　漢世數
征討之分徙其羌遠至酒泉敦煌其攻戰壘戍處所
亦多
建安二十四年先主遣将軍雷同吴蘭平之為魏将
曹洪所破殺　魏益州刺史天水楊阜治此郡阜以
濵蜀境移其氏傁於汧雍及天水略陽

建興七年丞相諸葛亮遣護軍陳戒伐之遂平武都
陰平二郡還屬益州
魏将夏侯淵張郃徐晃征伐常由此郡而蜀丞相亮
及魏延姜維等多從此出秦川遂荒無晉民其氐傁
楊濮屬魏魏遂置其郡屬蜀　蜀平屬雍州
太康六年還梁州　八年氐傁齊萬年反郡罹其寇
晉民流徙入蜀及梁州永嘉初天水氐傁楊茂搜率
種人為寇保據其郡貢獻長安愍帝以胡寇方盛欲
懷来戎翟拜驃騎将軍
左賢王劉曜破長安丞相平昌公上隴據天水茂搜

數饋平昌公拜茂搜長子難敵征南將軍少子堅頭
龍驤將軍種衆彊盛東破梁州南連李雄威服羌戎
時平昌公為劉曜所破陳安作賊于時氐傁如一
國茂搜死敵堅代為主數歲　曜自攻武都敵堅南
奔雄至晉壽遣子為質又厚賂雄兄晉壽守將稚曜
不獲敵堅引還武都恃嶮驕慢攻走雄陰平太守羅
演演稚舅也稚忿恚白兄含與雄求征之雄使含將
稚數千人攻之時敵妻死葬於陰平含稚征至下辦
入武街城以深入無繼盡為氐傁所破煞敵堅死子、
盤毅復代為主按下辦縣名有赤亭

咸康四年敵從弟初煞磐毅兄弟代爲主迄今　自茂搜父子之結據也通晉家及李雄劉曜石勒石虎張駿皆稱臣奉貢受其官號所向用其官及其年號

下辨縣郡治一曰武街　武都縣東漢水所出有天池澤一本云大池澤

上祿故道縣　河池縣　泉街縣水入沮合漢也

沮縣河池水所出東狼谷也上祿故道二縣名俱屬武都郡

平樂縣　脩城縣　嘉陵縣

陰平郡本廣漢北部都尉

永平後羌虜數反遂置爲郡屬縣四戶萬去洛二千

三百四十四里東接漢中南接梓潼西接隴西北接
酒泉土地山嶮人民剛勇多氐傁有黒白水羌紫羌
胡虜風俗所出與武都略同
漢安帝永初二年羌反燒郡城郡人退住白水會漢
陽諸羌反濫入漢殺太守漢陽杜琦自稱将軍叛亂
廣漢郡屯葭萌漢使御史大夫唐喜討琦進討羌經
年不下詔賜死更遣中郎将尹就討羌亦無功諸郡
太守皆屯涪
元初五年巴郡板楯軍救漢中漢中大破羌羌乃退
郡復治置助郡都尉　劉先主之入漢中也爭二郡

不得

建興七年諸葛亮始命陳戒平之　魏亦遥置其郡

屬雍州自景谷有步道徑江由左儋行出涪鄧艾從

之伐蜀

元康六年還蜀梁州

永嘉末太守王鑒粗暴郡民毛深左騰等逐出之精

率降李雄晉民盡出蜀氐羌爲楊茂搜所占有

陰平縣郡治漢曰陰平道也

甸氐縣有白水出徼外入漢

平武縣有關尉自景谷有步道徑江由左儋出涪鄧

艾伐蜀道也則主時置義守號關尉

剛氏縣涪水所出有金銀鑛

右梁州

譔曰漢沔彪炳靈光上照在天鑒為雲漢於地畫為梁州而皇劉應之洪祚攸長蕭公之云不亦宜乎

華陽國志卷第二

華陽國志卷第三

蜀志

蜀之爲國肇於人皇與巴同囿至黃帝為其子昌意娶蜀山氏之女生子高陽是為帝嚳封其支庶於蜀世為侯伯歷夏商周武王伐紂蜀與焉其地東接于巴南接于越北與秦分西奄峨嶓地稱天府原曰華陽故其精靈則井絡垂耀江漢遵流河圖括地象曰岷山之下為井絡帝以會昌神以建福夏書曰岷山導江東別為沱泉源深盛為四瀆之首而分為九江其寶則有璧玉金銀珠碧銅鐵鉛錫赭堊錦繡罽氂

犀象氈毦丹黄空青桑漆麻紵之饒滇獠賨僰僮僕六百之富其卦值坤故多斑綵文章其辰值未故尚滋味德在少昊故好辛香星應輿鬼故君子精敏小人鬼黠與秦同分故多悍勇在詩文王之化被乎江漢之域秦豳同詠故有夏聲也

其山林澤漁園囿果瓜四節代熟靡不有焉

有周之世限以秦巴雖奉王職不得與春秋盟會君長莫同書軌

周失綱紀蜀先稱王有蜀侯蠶叢其目縱始稱王死作石棺石槨國人從之故俗以石棺槨為縱目人冢

次王曰柏濩次王曰魚鳬魚鳬王田於湔山忽得仙道蜀人思之為立祠

後有王曰杜宇教民務農一號杜主時朱提有梁氏女利遊江源宇恱之納以為妃移治郫邑或治瞿上七國稱王杜宇稱帝號曰望帝更名蒲卑自以功德高諸王乃以褒斜為前門熊耳靈關為後戶玉壘峨眉為城郭江潛綿洛為池澤以汶山為畜牧南中為園苑會有水災其相開明決玉壘山以除水害帝遂委以政事法堯舜禪授之義遂禪位于開明帝升西山隱焉時適二月子鵑鳥鳴故蜀人悲子鵑鳥鳴也

巴亦化其教而力農務迄今巴蜀民農時先祀杜主君　開明位號曰叢帝叢帝生盧帝盧帝攻秦至雍生保子帝　帝攻青衣雄張獠僰九世有開明帝始立宗廟以酒曰醴樂曰荆人　尚赤帝稱王時蜀有五丁力士能移山舉萬鈞每王薨輒立大石長三丈重千鈞為墓志今石笋是也號曰笋里未有謚列但以五色為主故其廟稱青赤黑黄白帝也　開明王自夢廓移乃徙治成都

周顯王之世蜀王有褒漢之地因獵谷中與秦惠王遇惠王以金一笥遺蜀王王報珍玩之物物化為土

惠王怒羣臣賀曰天奉我矣王將得蜀土地惠王喜
乃作石牛五頭朝瀉金其後曰牛便金有養卒百人
蜀人悅之使使請石牛惠王許之乃遣五丁迎石牛
既不便金怒遣還之乃嘲秦人曰東方牧犢兒秦人
笑之曰吾雖牧犢當得蜀也武都有一丈夫化為女
子美而豔蓋山精也蜀王納為妃不習水土欲去王
必留之乃為東平之歌以樂之無幾物故蜀王哀之
乃遣五丁之武都擔土為妃作冢蓋地數畝高七丈
上有石鏡今成都北角武擔是也後王悲悼作臾邪
歌龍歸之曲其親埋作冢者皆立方石以志其墓成

都縣内有一方折石圍可六尺長三丈許去城北六十里曰毗橋亦有一折石亦如之長老傳言丁士擔土擔也公孫述時武擔石折故治中從事任文公歎曰噫西方智士死吾其應之歲中卒

周顯王二十二年蜀侯使朝秦秦惠王數以美女進蜀王感之故朝焉惠王知蜀王好色許嫁五女於蜀蜀遣五丁迎之還到梓潼見一大蛇入穴中一人攬其尾掣之不禁至五人相助大呼拽蛇山崩時壓殺五人及秦五女并將從而山分為五嶺直頂上有平石蜀王痛傷乃登之因命曰五婦冢山川平石上為

望婦堠作思妻臺今其山或名五丁冢

蜀王別封弟葭萌於漢中號苴侯命其邑曰葭萌焉苴侯與巴王為好巴與蜀讎故蜀王怒伐苴侯苴侯奔巴求救於秦秦惠王方欲謀楚羣臣議曰夫蜀西僻之國戎狄為鄰不如伐楚司馬錯中尉田真黄曰蜀有桀紂之亂其國富饒得其布帛金銀足給軍用水通于楚有巴之勁卒浮大舶船以東向楚楚地可得得蜀則得楚楚亡則天下并矣惠王曰善

周慎王五年秋秦大夫張儀司馬錯都尉墨等從石牛道伐蜀蜀王自於葭萌拒之敗績王遯走至武陽

為秦軍所害其傅相及太子退至逢鄉死於白鹿山
開明氏遂亡凡王蜀十二世
冬十月蜀平司錯等因取苴與巴焉
周赧王元年秦惠王封子通國為蜀侯以陳壯為相
置巴郡以張若為蜀國守戎伯尚強乃移秦民萬家
實之　三年分巴蜀置漢中郡　六年陳壯反殺蜀
侯通國秦遣庶長甘茂張儀司馬錯復伐蜀誅陳壯
七年封子惲為蜀侯司馬錯率巴蜀衆十萬大舶舡
萬艘米六百萬斛浮江伐楚取商於之地為黔中郡
五年惠王二十七年儀與若城成都周迴十二里高

七丈郫城周迴七里高六丈臨邛城周迴六里高五丈造作下倉上皆有屋而置觀樓射圃　成都縣本治赤里街若徙置少城内城營廣府舍置鹽鐵市官并長丞脩整里闠市張列肆與咸陽同制其築城取土去城十里因以養魚今萬歲池是也惠王二十七年也　城北又有龍堤池城東有千秋池城西有柳池冬夏不竭其園囿因之平陽山亦有池澤蜀之漁畋之地也

赧王十四年蜀侯惲祭山川獻饋於秦孝文王惲後母害其寵加毒以進王王將嘗之後母曰饋從二千

里来當試之王與近臣近臣即甕文王大怒遣司馬錯賜惲劍使自裁惲懼夫婦自殺秦誅其臣郎中令嬰等二十七人蜀人葬惲郭外　十五年王封其子綰為蜀侯十七年聞惲無罪寃枉死使使喪入葬之郭内初則炎旱三月後又霖雨七月車溺不得行喪車至城北門忽陷入地中蜀人因名北門曰咸陽門為蜀侯惲立祠其神有靈能興雲致雨水旱禱之三十年疑蜀侯綰反王復誅之但置蜀守張若因取筰及其江南地焉

周滅後秦孝文王以李冰為蜀守冰能知天文地理

謂汶山為天彭門乃至湔及縣見兩山對如闕因號天彭闕髣髴若見神遂從水上立祀三所祭用三牲珪璧沉濆漢興數使使者祭之氷乃壅江作堋穿郫江檢江別支流雙過郡下以行舟舡岷山多梓柏大竹頹隨水流坐致材木功省用饒又溉灌三郡開稻田於是蜀沃野千里號為陸海旱則引水浸潤雨則杜塞水門故記曰水旱從人不知饑饉時無荒年天下謂之天府也外作石犀五頭以厭水精穿石犀溪於江南命曰犀牛里後轉置犀牛二頭一在府市市橋門今所謂石牛門是也一在淵中

乃自前堰上分穿羊摩江灌江西於玉女房下自涉
郵作三石人立三水中與江神要水竭不至足盛不
沒肩時青衣有沫水出蒙山下伏行地中會江南安
觸山脇溷崖水脈漂疾破害舟船歷代患之冰發卒
鑿平溷崖通正水道或曰冰鑿崖時水神怒冰乃操
刀入水中與神鬭迄今蒙福
僰道有故蜀王兵蘭亦有神作大灘江中其崖嶄峻
不可鑿乃積薪燒之故其處懸崖有赤白五色
冰又通笮通汶井江徑臨邛與蒙溪分水白木江會
武陽天社山下合江又導洛通山洛水或出瀑口經

什邡郫別江會新都大渡
又有綿水出紫巖山經綿竹入洛東流過資中會江
陽皆溉灌稻田膏潤稼穡是以蜀川人稱郫繁曰膏
腴綿洛為浸沃也
又識齊水脉穿廣都鹽井諸陂池蜀於是盛有養生
之饒焉
漢祖自漢中出三秦伐楚蕭何發蜀漢米萬舡而給
助軍糧收其精銳以補傷疾雖王有巴蜀南中不賓
也
高祖六年始分置廣漢郡

高后六年城僰道開青衣孝文帝末年以廬江文翁
為蜀守穿湔江口溉灌繁田千七百頃是時世平道
治民物阜康承秦之後學校陵夷俗好文刻翁乃立
學選吏子弟就學遣雋士張叔等十八人東詣博士
受七經還以教授學徒鱗萃蜀學比於齊魯巴漢亦
立文學孝景帝嘉之令天下郡國皆立文學因翁倡
其教蜀為之始也孝武帝皆徵入叔為博士叔明天
文災異始作春秋
章句官至侍中楊州刺史十字當接春秋下誤書
元光四年置蜀四部都尉

元鼎二年立成都十八郭於是郡縣多城觀矣

六年分廣漢置犍為郡

元封元年分犍為置牂柯郡二年分牂柯置益州郡

六年以廣漢西部蜀南部為越嶲郡北部冉駹為汶山郡邛笮為沉黎郡合置二十餘縣

天漢四年罷沉黎置兩部都尉一治旄牛主外羌一治青衣主漢民

孝宣帝地節三年罷汶山郡置北部都尉　時又穿臨邛蒲江鹽井二十所增置鹽鐵官

蜀自漢興至于哀平皇德隆熈牧守仁明宣德立教

風雅英偉之士命世挺生感於帝思於是璽書交馳
於斜谷之南玉帛踐乎梁益之鄉而西秀彦盛或龍
飛紫闥允陟璿璣或盤桓利居經綸皓素故司馬相
如耀文上京楊子雲齊聖廣淵嚴君平經德秉哲王
子淵才高名儁李仲元湛然岳立林翁儒訓誥玄遠
何君公謨明弼諧王延世著勳河平其次楊壯何顯
得意之徒恂恂焉斯蓋華岷之靈標江漢之精華也
故益州刺史王襄悅之命王褒作中和頌令胄子作
鹿鳴聲歌之以上孝宣帝帝曰此盛德之事朕何以
堪之即拜為郎　降及建武以後爰迄靈獻文化彌

純道德彌臻趙志伯三遷台衡子柔兄弟相繼元輔
司空張公宣融皇極太常仲經為天下材英廣陵太
守張文紀號天下整理武陵太守杜伯持能决天下
所疑王稚子震名華夏常茂尼流芳京尹其次張俊
秦宓英辯博通董扶楊厚究知天文任定祖訓徒同
風洙泗其孝悌則有姜詩感物寤靈禽堅精動殊俗
隗通石橫中流吳順赤烏來巢其忠貞則王皓隕身
不傾朱遵絆馬必死王累懸頸州門張任守節故主
其淑媛則有元常紀常程玦及吳几先絡郫之二姚
殷氏兩女趙公夫人自時厥後龍宗有鱗鳳集有翼

搢紳邵右之疇比肩而進世載其美是以四方述作
有志者莫不仰其高風範其儀則擅名八區為世師
表矣其忠臣孝子烈士貞女不勝詠述雖魯之詠洙
泗齊之禮稷下未足尚也故漢徵八士蜀有四焉然
秦惠文始皇克定六國輒徙其豪俠於蜀資我豐土
家有鹽銅之利戶專山川之材居給人足以富相尚
故工商致結駟連騎豪族服王侯美衣娶嫁設太牢
之廚膳歸女有百兩之徒車送葬必高墳瓦槨祭奠
而羊豕夕牲贈禭兼加贈賻過禮此其所失原其由
来染秦化故也若卓王孫家僮千數程鄭各八百人

而郄公從禽巷無行人簫鼓歌吹擊鐘肆懸富侔公室豪過田文漢家食貨以為稱首蓋亦地沃土豐奢侈不期而至也

蜀郡州治蜀縣五戶漢廿七萬晉六萬五千去洛三千一百二十里東接廣漢北接汶山西接漢嘉犍為州治大城　郡治少城西南兩江有七橋直西門郫江中冲治橋西南石牛門曰市橋下石犀所潛淵中也城南曰江橋南渡流曰萬里橋西上曰夷里橋上白笮橋橋從冲治橋西出折曰長昇橋郫江上西有永平橋長老傳言李冰造七橋上應七星故世祖謂

吳漢曰安軍宜在七星間城北十里有昇僊橋有送客觀司馬相如初入長安題市門曰不乘赤車駟馬不過汝下也其郫西上有永平橋於是江衆多作橋故蜀立里多以橋為多按水經注冲治作冲里其大江自湔堰下至犍為有五津始曰白華津二曰里津三曰江首津四曰涉頭津劉璋時召東州民居此改曰東州頭五曰江南津入犍入有漢安橋玉津東沮津津亦七

始文翁立文學精舍講堂作石室一作玉室在城南永初後堂遇火太守陳留高眹更修立又增造二石

室州奪郡文學為州學郡更於夷里橋南岸道東邊
起文學有女墻其道西城故錦官也錦江織錦濯其
中則鮮明濯他江則不好故命曰錦里也
西又有車官城其城東西南北皆有軍營壘城其郡
四出大道道實二十里有衢今言十八里者昔蜀王
女未嫁年二十亡王哀悼不忍言二十故言十八也
王女墓在城北今王女陌是也
其太守著德垂績者前漢莫聞建武以來有第五倫
廉范叔度特垂惠愛百姓歌之曰廉叔度來何暮來
時我單衣去時重五袴其後漢中趙瑶自扶風太守

来之郡司空張温謂曰第五伯魚從蜀郡為司空令
掃吾第以待足下瑶與廣漢陳留高眹亦播文教大
尉趙公初為九卿適子甯還蜀眹命為文學撰鄉俗
記亦能屈士如此廣漢王商犍為楊洪皆見詠懷
及晉建西夷府太守多遷為西夷校尉亦遷益州刺
史
成都縣郡治有十二鄉五部尉漢戶七萬晉三萬七
千名難治時廣漢馮顥為令而太守京兆劉宣不奉
法令顥奏之立文學學徒八百人實戶口萬八千開
稻田百頃治績尤異後有廣漢劉寵為令大姓恣縱

諸趙倚公故多犯法濮陽太守趙子真父子强横龐
治其罪莫不震肅郫民陽伯侯奢侈大起塚營因龐
為郫令伯侯遂徙占成都龐復為成都豪右敬服
有蜀侯祠大姓有柳杜張趙郭楊氏豪富先有程鄭
郄公後有郭子平奢豪楊伯侯兄弟
郫縣郡西北六十里冠冕大姓何羅郭氏
繁縣郡北九十里有泉水稻田三張為甲族
江原縣郡西渡大江濵文井江去郡一百二十里有
青城山稱江祠
安漢上下朱邑出好麻黄潤細布有羡筒盛小亭有

好稻田

東方常氏為大姓文井上有守提三十里土有天馬

祠

臨邛縣郡西南二百里本有邛民秦始皇從上郡實
之有布濮水從布濮来合火井江有火井夜時光映
上昭民欲其火光以家火投之頃許如雷聲火焰出
通耀數十里以竹筒盛其光藏之可拽行終日不滅
也井有二水取井火煮之一斛水得五斗鹽家火煮
之得無幾也有古石山有石鑛大如蒜子火燒合之
成流支鐵甚剛因置鐵官有鐵祖廟祠漢文帝時以

鐵銅賜侍郎鄧通通假民卓王孫歲取千疋故王孫
貲累巨萬億鄧通錢亦盡天下王孫女文君能鼓琴
時有司馬長卿者臨卭令王吉與之遊王孫家文君
因奔長卿
漢世縣民陳立歷巴郡牂柯天水太守有異政陳氏
劉氏為大姓冠蓋也
廣都縣郡西三十里元朔二年置有鹽井漁田之饒
大豪馮氏有魚池鹽井縣凡有小井十數所及魚田
之饒江有魯漕梁山有鐵鑛江西有安稻田穿山崖
過水二十里

漢時縣民朱辰字元燕為巴郡太守甚著德惠辰卒
官郡獽民北送及墓獽蜑鼓刀辟踊感動路人於是
葬所草木頃許皆倣之曲折迄今蜀人莫不歎辰之
德靈為之感應今朱氏為首族也

成都市官本有長建武十八年省

蜀郡太康初屬王國改號曰成都內史王改封乃復

舊

廣漢郡高帝六年置屬縣八漢戶十七萬晉四萬去
洛三千里南去成都百二十里西接汶山北接梓潼
東接巴郡本治繩鄉安帝永和中陰平漢中羌反元

初二年移涪後治雒城王莽改曰就都公孫述名曰
子同
益州以蜀郡廣漢犍為三蜀土地沃美人士俊乂為
一州稱望然漢選蜀郡廣漢太守每重德高俊故前
有趙護第五伯魚後有蔡陳表章禮物殊於諸郡其
太守著功德者有劉感孫賓蔡陳寵伯魚自郡徑遷
司徒寵亦至三公而役諷尹睦鮮于定趙瑶皆公望
也薛鴻韋卿佐也而許靖亦為上公及何衹常閣皆
有稱望以廣州中益州恒治此郡初平中益州牧劉
焉自綿竹移雒縣城築闕門云其地不王乃留孫脩

據之

建安十八年劉先主自涪攻圍且一年軍師龐統中流矢死先主痛惜言則涕泣廣漢太守南陽張存曰統雖可惜違大雅之體先主怒曰統殺身成仁非仁者乎即免存官

十九年牧雒城援襄陽馬良書諸葛亮曰承雒縣巳下尊兄配業先國䲷兆見矣時州或治成都時復治雒為蜀淵府

雒縣郡治汎鄉

有孝子姜詩田地宅姓族有鐔李郭翟氏

綿竹縣劉焉初所治綿與雒各出稻稼畝收三十斛有至十五斛漢時任安定祖以儒學教號侔洙泗有多士秦杜為首族也

什邡縣山出好茶楊氏為大姓美田有鹽井

新都縣蜀以成都廣都新都為三都號名城有金堂山水通于巴漢時五倉名萬安倉有棗魚梁多名士有楊厚董扶又有四姓馬史汝鄭者也

五城縣郡東南有水通于巴漢時置五倉發五縣民尉部主之後因以為縣出龍骨云龍升其山值天門閉不達墮死於此後沒地中故掘取得龍骨

郪縣有山原田富國鹽井濮出好棗宜君山出麋尾
特好入貢大姓王李氏又有高馬家世掌部曲蜀時
高勝馬秦皆叛伏誅
廣漢縣有山原田蜀時彭羕有儁才晉世段虩令德
故二姓為甲族也
德陽縣有青石祠山原肥沃有澤漁之利士女貞孝
望山樂水土地易為生事車騎將軍鄧芝雅有終焉
之思後遂葬其山太守夏侯纂時古濮為功曹康古
袁氏為四姓大族之甲者也
劉氏延熙中分廣漢四縣置東廣漢郡咸熙初省秦

始末又分置新都郡太康省末年又置蜀王國蜀郡
常騫為內史永嘉末省
犍為郡孝武建元六年置時治鄨縣十二漢户十萬
鄨故犍為地是也鄨有犍山見保乾圖
武帝初欲開南中令蜀通僰青衣道是元年僰道令
通之費功無成百姓愁怨司馬相如諷諭之使者唐
蒙將南入以道不通執令將斬之令歎曰忝官益土
恨不見成都市蒙即令送成都市而殺之蒙乃斬石
通閤道故世為諺曰思都郵斬令頭云後蒙為都尉
治南夷道

元光五年郡移治南廣
四年益州刺史任安城武陽
孝昭元年郡治僰道後遂徙武陽至晉屬縣五户二
萬去洛三千二百七十里東接江陽南接朱提北接
蜀郡西接廣漢王喬升其北山彭祖家其彭蒙白虎
仁於廣德寶鼎見於江溉
綏和五年又上寶磬十六劉向以為美化所降用立
辟雍而士多仁孝女姓貞專王莽改曰西順郡人不
會更始都南陽遠奉貢職及公孫述有蜀郡拒守述
伐之郡功曹朱導逆戰衆寡不敵導絆馬死戰遂為

述所开而任君業閉戶費貽妻隱逃武帝嘉之曰士
大夫之郡也郡去成都百五十里渡大江昔人作大
橋曰漢安橋廣一里半每秋夏水盛斷絕歲歲修理
百姓苦之建安二十一年太守南陽李嚴乃鑿天社
山尋江通車道省橋梁三津吏民悅之嚴因更造起
府寺觀壯麗為一州勝宇
二十四年黃龍見武陽赤水九日蜀以劉氏瑞應其
太守漢興以來鮮有顯者
武陽縣郡治有王喬彭祖祠蒲江大堰灌郡下六門
有朱遵祠山出鐵及白玉特多大姓有七陽五李諸

姓十二也
南安縣郡東四百里治青衣江會縣溉有名灘一曰雷垣二曰鹽溉李冰所平也有柑橘官社漢有鹽井南安武陽皆出名茶多陂池西有熊耳南有峨眉山山去縣八十里孔子地圖言有仙藥漢武帝遣使者祭之欲致其藥不能得有四姓能宣謝審五大族楊費文有信士呂孟貞紀至行也
僰道縣在南安東四百里拒郡百里高后六年城之治馬湖江會水通越嶲本有僰人故秦紀言僰童之富漢民多漸斥徙之有荔支薑蒟濱江有兵欄後漢書註

引本志云有玉岳蘭疑兵欄誤李冰燒之崖有五色赤白映水玄黃
魚從楚來至此而止畏崖映水也有韓原素祠又有
孝子隗通為母汲江裔水天為出平石生江中今石
在馬湖江而孝子吳順養母赤烏巢其門
崩容江出好磨石崩江多魚民失在於徼巫好鬼妖
大姓吳隗又有楚石薛相者
牛鞞縣受新都江去郡三百里元鼎二年置相陽明
鹽井程韓氏為冠蓋之族資中縣受牛鞞江也
江陽郡先有王延世著勳河平後有董鈞為漢定禮
王董張趙為四族二縣在中多山田少種稻之地

本犍為枝江都尉建安十八年置郡漢安程徵石讙
白州牧劉璋求立郡璋聽之以都尉廣漢成存為太
守屬縣四戶五千去洛四千八十里東接巴郡南接
牂柯西接廣漢犍為北接廣漢有荔支巴菽桃枝蒟
給橙俗好文刻少儒學多樸野蓋天性也　江陽縣
郡治江雒會有方山蘭祠江中有大闕小闕季春黃
龍堆沒闕即平昔云世祖微時過江陽有一子望氣
者曰江陽有貴兒氣王莽求之縣人殺之後世祖為
子立祠謫江陽民不使冠帶者數世有富義鹽井又
郡下百二十里者曰伯塗魚梁六伯氏女為塗氏婦

梁四姓王孫程鄭八族又有魏趙先周也有荔支巴菽梔枝蒟給橙字與上文巴志序所稱果蔓名大同小異

漢安縣郡東五百里土地雖迫山水特美好宜蠶桑有鹽井魚池以百數家家有焉一郡豐沃四姓程石姚郭八族張季李趙輩而程石傑立郡常秉議論選之

符縣郡東二百里元鼎二年置治安樂水會東接巴蜀樂城南水通平羌僰道縣永建元年十二月縣長趙祉遣吏先尼和拜檄巴蜀守過成瑞灘死子賢求喪不得女絡年二十五迺分金珠作二錦囊繫兒頭下

至二年二月十五日女絡乃乘小舡至父沒所哀哭
自沉見夢告賢曰至二十一日與父屍俱出至日父
子浮出縣言郡太守蕭登高之上尚書遣戶曹掾為
之立碑人為語曰符有先絡僰道張帛求其人天下
無有其偶者矣按僰道黄帛張貞妻也沉身求貞事頗類此語乃云
新樂縣郡西二百八十里元康五年置西楚僰道有
鹽井大姓魏呂氏
汶山郡本蜀郡北部冉駹都尉孝武元封四年置舊
屬縣八戶二十五萬去洛三千四百六十三里東接
蜀郡南接漢嘉西接涼州酒泉北接陰平有六夷羌

胡羌虜白蘭峒九種之戎牛馬旄氈斑罽青頓毼羝
羊羖之屬特多雜藥名香土地剛鹵不宜五穀惟種
麥而多氷寒盛夏凝凍不釋故夷人冬則避寒入蜀
庸賃自食夏則避暑反落歲以為常故蜀人謂之作
五百石子也

宣帝地節元年武都白馬羌反使者駱武平之因拜
越嶲太守迎者如雲後蜀郡趙溫亦著治績故王莽
遣任貴為鎮戎大尹守之　自建武後數叛

章武三年越嶲叟大師高定元稱王恣睢遣都督李
承之殺將軍梓潼焦璜破没郡土丞相亮遣越嶲太

守龔禄住安上縣遥領太守安上去郡八百里有名
而已建興三年蜀安南將軍馬忠率越嶲郡夷
剛狼皆鴟視忠率越嶲太守張嶷將所領之郡誘殺
蘇祈邑君冬逢及其弟隗渠等懷集種落威信允著
諸種漸服又斬斯都耆師李承之首及手殺焦璜龔
禄者也又討叛鄙降夷人安種落蠻夷率服嶷始以
郡郛宇頽更築小塢居之
舊本記此段訛舛不可重敘姑考事之本末略加
整頓刻之
延熈二年乃還舊郡更城郡城夷人男女莫不致力

與復七縣嶲遷復後頗奸宄雖有四部斯兒及七營軍不足固守乃置赤甲北軍二牙門及斯兒督軍中堅衛夷徼邛都縣郡治因邛邑名也邛之初有七部後為七部營軍又有四部斯兒南山出銅有溫泉穴冬夏熱其溫可湯雞豚下流治疾病餘多惡水水神護之不可汚穢及沈亂髮照回則使人被惡疾一郡通云然

臺登縣有孫水一曰白沙江入馬湖水山有砮石火燒成鐵剛利禹貢厥賦砮是也又有漆漢末夷皆有之嶷取焉張嶷也

闌縣故邛人邑邛都接寒關今省

蘇示縣漢末夷王及弟隗渠數偕叛以服諸種張嶷先殺王弟隗渠又叛遁入西徼遣親信二人使嶷嶷知奸計以重賂使使殺渠渠死夷徼肅清縣晉省

會無縣路通寧州渡瀘得住狼縣故濮人邑也今有濮人冢冢不閉戶其穴多有碧珠人不可取取之不祥有天馬河馬日千里後死於蜀葬江原小亭今天馬冢是也縣有天馬祠初民家馬牧山下或產駿駒云天馬子也今其天馬徑厥迹存焉河中有銅船今以羊祀之可取河中見存土地時產犀牛山色青碧

後漢書註引本志曰元馬

大筰縣漢末省也

定筰縣筰夷也汶山曰夷南中曰昆明漢嘉越嶲曰筰蜀曰邛皆夷種也縣在郡西渡瀘水賓剛徼白摩沙夷有鹽池積薪以齊水灌而後焚之成鹽漢末夷皆錮之張嶷往爭夷帥岑槃木明不肯服嶷禽撻殺之厚賞賜餘類皆安官迄有之北沙河是

三縫縣一曰小會無〔音三播字疑誤〕通道寧州渡瀘得蜻蛉縣有長谷石時平中有石豬子母數千頭長老傳言夷昔牧豬於此一朝豬化為石迄今夷不敢

徃牧

甲水縣去郡三百里水流通馬湖

潛溪縣漢末置晉初省

安上縣　馬湖縣水通僰道入江晉初省

右益州漢初統郡五後漸分建蜀郡及巴郡又分為五郡廣漢漢中犍為四郡又開益州五郡合二十五郡又寧州梁州建復增七郡蜀於是有州四十二郡一百九十六縣州州分後益州凡新舊郡九縣四十八戶夷晉二十四萬

譔曰蜀之為邦天文井絡輝其上地理岷嶓鎮其域

五岳華山表其陽四瀆則汶江出其徼故上聖則大禹生其鄉媾姻則黄帝婚其女顯族大賢彭祖育其山列仙王喬升其岡而寶鼎輝光於中流驪龍仁虎躍乎淵陵開闢及漢國富民殷府腐穀帛家藴畜積雅頌之聲充塞天衢中穆之詠侔乎二南蕃衍三州土廣萬里方之九區於斯為盛固乾坤之靈囿先王之所經緯也

華陽國志卷第三

華陽國志卷第四

南中志

寧州晉泰始六年初置蜀之南中諸郡庲降都督治也南中在昔蓋夷越之地滇濮句町夜郎葉榆桐師嶲唐侯王國以十數編髮左衽隨畜遷徙莫能相雄長（永昌縣下有嶲唐縣）周之季世楚威王遣將軍莊蹻泝沅水出且蘭以伐夜郎植牂柯繫舡於是且蘭既尅夜郎又降而秦奪楚黔中地無路得反遂留王滇池蹻楚莊王苗裔也以繫舡因名且蘭為牂柯國分侯支黨傳數百年秦幷蜀通五尺道置吏主之　漢興

遂不賓有竹王者興於遯水有一女子浣於水濵有
三節大竹流入女子足間推之不肯去聞有兒聲取
持歸破之得一男兒長養有才武遂雄夷狄以竹為
姓捐所破竹於野成竹林今竹王祠竹林是也王與
從人甞止大石上命作羮從者曰無水王以劒擊石
水出今王水是也破石存焉後漸驕恣武帝使張騫
至大夏國見邛竹蜀布問所從来曰吾賈人從身毒
國得之身毒國蜀之西國今永昌是也騫以白帝東
越攻南越大行王恢救之恢使番陽令唐蒙曉喻南
越南越人食有蒟醬蒙問所從曰牂牁来蒙亦以白

帝因上書曰南越地東西萬里名為外臣實一州主今以長沙豫章往水道多絕難行竊聞夜郎精兵可得十萬若從番禺浮舡牂牁出其不意此制越之一奇也可通得夜郎道為置吏主之帝乃拜蒙中郎將巴蜀兵千人奉幣帛見夜郎候喻以威德為置吏旁小邑皆貪漢繒帛以為道遠漢終不能有也故皆且聽命　司馬相如亦言西戎卭筰蜀之後園可置為郡帝既感卭竹又甘蒟醬乃拜為郎中將往喻意皆聽命　後西南夷數反發運興役費甚多相如知其不易也乃假巴蜀之論以諷帝且以宣指便於百姓

檄文在本傳卒開棘門通南中相如持節開越嶲按道侯韓說開益州武帝轉拜唐蒙為都尉開牂牁以重幣喻告諸種侯王侯王服從因斬竹王置牂牁郡以吴霸為太守及置越嶲朱提益州四郡後夷濮阻城咸怨訴竹王非血氣所生求立後嗣霸表封其三子列侯死配食父祠今竹王三郎神是也　昭帝始元元年益州廉頭姑繒等二十四縣民反水衡都尉呂破奴募吏民及發犍為蜀郡奔命擊破之後三歲姑繒復反都尉呂辟胡擊之敗績明年遣大鴻臚田廣明等大破之斬首捕虜五萬人獲畜產十萬餘頭富埒

中國封其渠帥卞波為句町王以助擊反者故也廣明賜爵邑　成帝時夜郎王與鉤町王禹漏臥侯俞更相攻擊帝使太中大夫張匡持節和解之句町夜郎王不服乃刻木作漢使射之大將軍王鳳薦金城司馬蜀郡陳立為牂牁太守何霸為中郎將出益州立既到郡單至夜郎召興興與邑君數千人來見立立責數斬興邑君皆悅服興妻父翁指與興子耻復反立討之威震南裔

平帝末梓潼文齊為益州太守公孫述時拒郡不服光武稱帝以南中有義按漢書述據益土齊固守拒險述拘齊妻子許以封侯終

不降聞光武即位間道遣聞蜀平封齊成義侯

益州西部金銀寶貨之地居其官者皆富及十世

孝明帝初廣漢鄭純獨尚清廉毫毛不犯夷漢歌詠

表薦無數上自三司下及卿士莫不歎賞明帝嘉之

因以為永昌郡拜純太守

章帝時蜀郡王阜為益州太守治化尤異神馬四匹

出滇池河中甘露降白烏見始興文學漸遷其俗

安帝永初中漢中陰平廣漢羌反征戰連年

元初四年益州永昌越嶲諸夷封離等反衆十餘萬

多所殘破益州刺史張喬遣從事蜀郡楊竦將兵討

之竦先以詔書告喻告喻不從方略條討凡殺虜三
萬餘人獲生口千五百人財物四十餘萬降款夷三
十六種舉劾姦貪長吏九十人黃綬六十人諸郡皆
平竦以傷死故功不錄自是後少寧五十餘年迄靈
帝熹平中蠻夷復反擁沒益州太守雍陟遣御史中
丞朱龜將幷涼勁兵討之不克朝議不能征欲依朱
崖故事弃之太尉掾巴郡李顒獻陳方策以為可討
帝乃拜顒益州太守與刺史龐芝伐之徵龜還顒將
巴郡板楯軍討之皆破陟得生出後復更叛楪潼景
毅為益州太守承喪亂後民夷困餓米一斗千錢皆

離散毅至安集後米一斗八錢
建安十九年劉先主定蜀遣安遠將軍南郡鄧方以
朱提太守庲降都督治南昌縣輕財果毅夷漢敬其
威信方爲先主問代於治中從事建寧李恢對曰西
零之後趙充國有言莫若老臣先主遂用恢爲都督
治平夷縣先主薨後越嶲叟帥高定元殺郡將軍焦
璜舉郡稱王以叛益州大姓雍闓亦殺太守正昂更
以蜀郡張裔爲太守闓假鬼教曰張裔府君如瓠壺
外雖澤而內實粗殺之不可令縛與吳於是執送裔
於吳吳王孫權遙用闓爲永昌太守遣故劉璋子闡

為益州刺史處交益州際牂牁郡丞朱提朱褒領太守恣睢丞相諸葛亮以初遭大喪未便加兵遣越嶲太守巴西龔祿住安上縣遥領郡從事蜀郡常頎行部南入以都護李嚴書曉喻闓闓答曰愚聞天無二日土無二主今天下派分正朔有三遠人惶惑不知所歸其傲慢如此頎至牂牁收郡主簿考訊姦褒因煞頎為亂益州夷復不從闓闓使建寧孟獲説夷叟曰官欲得烏狗三百頭膺前盡黒蟎腦三斗斵木構三丈者三千枚汝能得不夷以為然皆從闓斵木堅剛性委曲高不至二丈故獲以欺夷

建興三年春亮南征自安上由水路入越嶲別遣馬忠伐牂牁李恢向益州以犍為太守廣漢王士為益州太守高定元自旄牛定筰卑水多為壘守亮欲俟定元軍衆集合并討之軍卑水定元部曲殺雍闓及士庶等孟獲代闓為主亮既斬定元而馬忠破牂牁李恢敗於南中

夏五月亮渡瀘進征益州生虜孟獲置軍中問曰我軍如何獲對曰恨不相知公易勝耳亮以方務在北而南中好叛亂宜窮其詐乃赦獲使還合軍更戰凡七虜七赦獲等心服夷漢亦思反善亮復問獲獲對

曰明公天威也邊民長不為惡矣秋遂平四郡改益州為建寧以李恢為太守加安漢將軍領交州刺史移治味縣分建寧越巂置雲南郡以呂凱為太守又分建寧牂牁置興古郡以馬忠為牂牁太守移南中勁卒青羌萬餘家於蜀為五部所當無前號為飛軍分其羸弱配大姓焦雍婁爨孟量毛李為部曲置五部都尉號五子故南人言四姓五子也以夷多剛狠不賓大姓富豪乃勸令出金帛聘策惡夷為家部曲得多者奕世襲官於是夷人貪貨物以漸服屬於漢成夷漢部曲亮收其俊傑建寧爨習朱提孟琰及獲

為官屬習官至領軍琰輔漢将軍獲御史中丞出其
金銀丹漆耕牛戰馬給軍國之用都督常重用人
李恢卒後以蜀郡太守犍為張翼為都督翼持法嚴
不得殊俗和夷帥劉冑反徵翼以馬忠為代忠未至
翼修攻戰方各資儲羣下懼翼曰吾方臨戰場豈可
以絀退之故廢公家之務乎忠至承以滅冑蜀賜翼
爵關內侯忠在南柔遠能邇甚垂惠愛官至鎮南大
将軍卒後南人為之立祠水旱禱之以蜀郡張表為
代加安南将軍又以犍為楊義為參軍副貳之表後
以南郡閻宇為都督南郡霍弋為參軍弋甚善參毗

之禮遂代宇為監軍安南將軍撫和異俗為之立法施教輕重允當夷晉安之及晉世因仍其任時交阯不附假弋節遥領交州刺史得以便宜選用長吏令官和鮮夷人及適罰之皆依弋故事弋卒子在襲領其兵和諸姓晉以巴西太守吳靜在官數年撫卹失和軍司鮮于嬰表徵靜還嬰因代之泰始六年以益州大分南中四郡為寧州嬰為刺史　咸寧五年尚書令衛瓘奏兼并州郡　太康三年罷寧州置南夷以天水李毅為校尉持節統兵鎮南中統五十八部夷族都監行事每夷供貢南夷府入牛金旃馬動以

萬計皆豫作忿恚致校尉官屬其供郡縣亦然南人以為饒自四姓子弟仕進必先經都監夷人大種曰昆小種曰叟皆曲頭木耳環鐵裹結無大侯王如汶山漢嘉夷也夷中有桀黠能言議屈服種人者謂之耆老使為主論議好譬喻物謂之夷經今南人言論雖學者亦半引夷經與夷為姓曰遑耶諸姓為自有耶世亂犯法輒依之藏匿或曰有為官所法夷或為報仇與夷至厚者謂之百世遑耶恩若骨肉為其逋逃之藪故南人輕為禍變恃此也其俗徵巫鬼好詛盟投石結草官常以盟詛要之諸葛亮乃為夷作圖

譜先畫天地日月君長城府次畫神龍龍生夷及牛
馬羊後畫部主吏乘馬幡蓋巡行安郵又畫牽牛負
酒齎金寶詣之之象以賜夷夷甚重之許致生口直
又與瑞錦鐵券今皆存每刺史校尉至齎以呈詣動
亦如之毅後永昌呂祥為校尉祥後數入李廣漢從
雲南犍為郡守為校尉久之建寧太守巴西杜俊朱
提太守梓潼雍約懦鈍無治政以賄成俊奪大姓鐵
官令毛詵中郎李叡部曲致詵弟耐罪朱提大姓太
中大夫李猛有才幹弟為功曹分當察舉而俊約受
都尉雷逢賂舉逢子炤孝廉不禮猛猛等怨之大安

元年秋詵檄猛逐俊以叛猛貽之書曰昔魯侯失道季氏出之天之愛民君師所治知足下追踵古人見賢思齊足下箕帚枉懈吾郡亦逐約應之作亂衆數萬毅討破之斬詵首檄走依違耶五茶夷帥于陵承猛箋降曰生長遐荒不達禮教徒與李雄和光合勢雖不能營師五丈略地渭濱冀北斷褒斜東據永安退考靈待晉德長久誠非狂夫所能干輙表革面歸罪有司毅惡其言遂誘殺之行部永昌從事江陽孫辨上南中形勢七郡斗絕晉弱夷強加其土人屈塞應復寧州以相鎮慰冬十一月丙戌詔書復置寧州

增統牂牁益州朱提合七郡為刺史加龍驤將軍進
封成都縣侯　二年于陵承詣毅請恕叡罪毅許之
叡至群下以為誅叡破亂州土必殺之毅不得已許
諾及叡死于陵承及誅猛逞耶怒扇動謀反奉建寧
太守巴西馬恢為刺史燒郡偽發毅方疾作力出軍
初以救恢及聞其情乃殺恢夷愈強盛破壞郡縣役
吏民會毅疾甚軍連不利晉民或入交州或入永昌
牂牁半亦為夷所困虜夷因攻圍州城毅但併力固
孤城病篤不能戰討時李特李雄作亂益州而所在
有事救援莫至毅上疏陳謝不能式遏寇虐疾與事

遇使虜遊寬兵穀既單器械窮盡而求救無望坐待
殄斃若必不垂矜憂乞請大使及臣尚存加臣重罪
若臣已死陳屍為戮光熙元年春三月毅薨子釗任
洛還赴到牂牁路塞停住交州文武以毅女秀明達
有父才遂奉領州事秀初適漢嘉太守廣漢王載載
將家避地在南故共推之又以載領南夷龍驤參軍
秀獎厲戰討食糧以盡人但茹草多鼠為命秀伺夷
怠緩輒出軍掩破首尾三年釗乃得達丁喪文武復
逼釗領州府事毅故吏毛孟等詣洛求救至欲自刎
懷帝乃下交州使救助之以釗為平寇將軍領南夷

護軍遣御史趙濤贈毅少府謚曰威侯交州刺史吾
彦遣子威遠將軍咨以援之朝庭以廣漢太守魏興
王遜為南夷校尉寧州刺史代毅自永嘉元年受除
四年乃至遥舉建寧董敏為秀才郡久無太守功曹
周悦行郡事輕敏不下其板遜至怒殺悦悦弟秦臧
長周㝢合夷叟謀以趙濤父混昔為建寧有德惠欲
殺遜樹濤遜誅之并殺濤夷晉莫不惶懼表釗為朱
提太守治南廣禦雄時荒亂後倉無斗粟衆無一旅
官民虛竭繩紀弛廢遜惡衣菜食招集夷民夷微厭
亂漸亦返善勞来不怠數年克復以五茶夷昔為亂

首圖討之未有致罪會夷發夜郎莊王墓遜因此遂
討滅之及討惡獠剛夷數千落威震南方官至平西
安南将軍又兼益州刺史加散騎常侍封褒中伯而
嚴猛太過多所誅鋤犍為太守朱提雷炤流民陰貢
平樂太守董霸破牂牁平夷南廣北降李雄建寧爨
量與益州太守李易梁水太守董慬保興古槃以南
叛雄遣叔父驤破越嶲伐寧州遜使使督護雲南姚
岳距驤於螳螂縣違遜指授雖大破驤不獲　太興
四年遜發病薨州人推中子堅領州事永昌元年晉
朝更用零陵太守南陽尹奉為寧州刺史南夷校尉

加安西將軍奉威刑緩鈍政治不理　咸和八年遂為雄弟壽所破獲南中盡為雄所有惟牂牁謝恕不為壽所用遂保郡獨為晉官至撫夷中郎將寧州刺史冠軍是歲咸和八年也

牂牁郡漢武帝元鼎二年開屬縣漢十七戶六萬及晉縣四戶五千去洛五千六百一十里郡上值天井故多雨潦俗好鬼巫多禁忌畬山為田無蠶桑頗尚學書少威儀多懦怯寡畜產雖有僮僕方諸郡為貧王莽更名牂牁曰同亭郡不服會公孫述時三蜀大姓龍傅尹董氏與功曹謝暹保郡聞漢世祖在河北

乃遠使使由番禺江出奉貢漢朝世祖嘉之號為義
郎　明章之世毋斂人尹珍字道真以生遐裔未漸
庠序乃遠從汝南許叔重受五經又師事應世叔學
圖緯通三材還以教授於是南域始有學焉珍以經
術選用歷尚書丞郎荆州刺史而世叔為司隸校尉
師生並顯平夷傳寶夜郎尹貢亦有名德歷尚書郎
長安令巴郡太守彭城相號南州人士郡特多阻嶮
有延江霧赤煎水為池衛少有亂惟朱褒見誅其郡
守垂功名者前有吳霸陳立後有漢中張亮則廣漢
劉寵犍為費詩巴西馬忠皆著勳烈　晉元帝世太

守建寧孟才以驕暴無恩郡民王清范朗逐出之刺史王遜怒分鄨平爲平夷郡夜郎以南爲夜郎郡四縣

萬壽縣郡治有萬壽山沮本有鹽井漢末時夷民共詛盟不開今三郡皆無鹽

且蘭縣音沮漢曰故且蘭有柱蒲關也按地道記曰有沈水廣

談縣毋斂縣有剛火也

平夷郡晉元帝建興元年置屬縣二千戶

平夷縣郡治有砅津安樂水山出茶蜜

鄨縣故犍爲郡城也不狼山出鄨水入沅有野生薜

可食大姓王氏

夜郎郡夜郎國也屬縣二千戶

夜郎縣郡治有遯水通廣欝林有竹王三郎祠甚有靈響

談指縣按漢書談指縣出丹註云有不津江江有瘴氣

晉寧郡本益州也元鼎初屬牂牁越嶲漢武帝元封二年叟反遣將軍郭昌討平之因開為郡治滇池上號曰益州漢屬縣二十四戶二十萬晉縣七戶萬去洛五千六百里司馬相如韓說初開得牛馬羊屬三十萬漢乃募徒死罪及奸豪實之郡土大平敞原田

多長松皋有鸚鵡孔雀鹽池田漁之饒金銀畜產之
富俗奢豪難撫御惟文齊王阜景毅李顒及南郡董
和為之防檢後遂為善蜀建興三年丞相亮之南征
以郡民李恢為太守改曰建寧治味縣寧州別建為
益州郡後太守李逷恢孫也與前太守董慬建寧爨
量共叛寧州刺史王遜表改益州為晉寧郡
滇池縣郡治故滇國也有澤水周迴二百里所出深
廣下流淺狹如倒流故曰滇池長老傳言池中有神
馬或交焉即生駿馬俗稱之曰滇池駒日行五百里
水神祠祀亦有溫泉如越嶲溫水又有白蝟山山無

石惟有蝟也

同勞縣　同安縣　連然縣有鹽泉南中共仰之

建伶縣　毋單縣　秦臧縣

建寧郡治故庲降都督屯也南人謂之屯下屬縣晉太安二年分為益州平樂二郡合縣十三戶萬去洛五千六百三十九里有五部都尉四姓及霍家部曲

味縣郡治有明月社夷晉不奉官則官與共盟於此社也

牧麻　升麻縣山出好升麻有塗水 按漢書為牧靡李奇曰靡音麻晉書建寧郡有

同樂縣大姓爨氏

穀昌縣漢武帝將軍郭昌討夷平之因名郭昌以威夷孝章時改為穀昌也

同瀨縣按漢書地道記曰銅虜山米水所出

雙柏縣 存駹縣雍閭反結壘於縣山繫馬柳柱生成林今夷言無雍梁夷言馬也

昆澤縣 滇江縣九十里出蠙口

談稾縣有濮獠

泠丘縣有主獠 脩雲縣 新定縣

平樂郡元帝建興元年刺史劉建寧新定興遷二縣

新立平樂三沮二縣合四縣為郡後太守建寧董霸
叛降李雄郡縣遂省寧州北屬雄復為郡以朱提李
壯為太守朱提郡本犍為南部孝武帝元封二年置
屬縣四建武後省為犍為屬國至建安二十年鄧方
為都尉先主因易名太守屬縣五戶八千去洛五千
三百里先有梓潼文齊初為屬國穿龍池溉稻田為
民興利亦為立祠大姓朱魯雷興仇遞高李亦有部
曲其民好學濵犍為號多士人為寧州冠冕
朱提縣郡治
堂蜋縣因山名也出銀鉛白銅雜藥有堂蜋附子

南秦縣自僰道南廣有八亭道通平夷

漢陽縣有漢水延江

南昌縣故都督治有鄧安遠城也

南廣郡蜀延熈中置以蜀郡常笁為太守劉朝召笁入為侍中巴西令狐秉代之建武九年省　元帝世刺史王遜移朱提治郡南廣太守李釗數破雄殺賊大將樂初後刺史尹奉却郡還舊治及雄定寧州復置郡以興古太守朱提李播為太守蜀縣四户千自僰道至朱提有水步道水道有黒水及羊官水至險難行步道度三津亦艱阻故行人為語曰猶溪赤木

盤虵七曲盤羊烏櫳氣與天通看都濩泚住柱呼尹
庲降賈子左儋七里又有牛叩頭馬搏坂其嶮如此
土地無稻田蠶桑多虵蛭虎狼俗妖巫惑禁忌多神
祠

南廣縣郡治漢武帝大初元年置有鹽官

臨利縣　常遷縣　新興縣

永昌郡古哀牢國哀牢山名也其先有一婦人名曰
沙壺後漢作沙壹依哀牢山下居以捕魚自給忽於水中
觸一沉木遂感而有娠度十月産子男十人後沉木
化為龍出謂沙壺曰君為我生子今在乎而九子驚

走惟一小子不能去陪龍坐龍就而舐之沙壹與言語以龍與陪坐因名曰元隆猶漢言陪坐也沙壹将元隆居龍山下元隆長大才武後九兄曰元隆能與龍言而黠有智天所貴也共推以為王時哀牢山下復有一夫一婦產十女元隆兄弟妻之由是始有人民皆象之衣後着十尾臂脛刻文元隆死世世相繼分置小王往往邑居散在溪谷絕域荒外山川阻深生民以来未嘗通中國也南中昆明祖之故諸葛為其國譜也　孝武時通博南山度蘭滄水潰谿置巂唐不韋二縣徙南越相呂嘉子孫宗族實之因名不

韋以彰其先人惡行人歌之曰漢德廣開不賓渡博南越蘭津渡蘭滄為他人渡蘭滄水以取哀牢地哀牢轉衰至世祖建武二十三年王扈栗後漢作賢栗遣兵乘箄船南攻鹿茤鹿茤民弱小將為所擒會天大震雷疾風暴雨水為逆流箄船沉沒溺死者數千人後扈栗復遣六王攻鹿茤鹿茤王迎戰大破哀牢軍殺其六王哀牢人埋六王夜虎搖而食之哀牢人驚怖引去扈栗懼謂諸耆老曰哀牢畧徼自古以來初不如此今攻鹿茤輙被天誅中國有受命之王乎是何天祐之明也漢威甚神即遣使詣越嶲太守願帥種

人歸義奉貢世祖納之以為西部屬國其地東西三千里南北四千六百里有穿胷儋耳種閩越濮鳩獠其渠帥皆曰王　孝明帝永平十二年哀牢抑狼遣子奉獻　明帝乃置郡以蜀郡鄭純為太守屬縣八戸六萬去洛六千九百里寧州之極西南也有閩濮鳩獠僄越躶濮身毒之民土地沃腴黃金光珠虎魄翡翠孔雀犀象蠶桑綿絹采帛文繡又有貊獸食鐵猩猩獸能言其血可以染朱罽有大竹名濮竹節相去一丈受一斛許有梧桐木其華柔如絲民績以為布幅廣五尺潔白不受汚俗名曰桐華布以覆亡人

然後服之乃賣與人有蘭干細布蘭干獠言紵也織成文如綾錦又有罽旄帛疊水精瑠璃軻蟲蚌珠宜五穀出銅錫　太守著名績者自鄭純後有蜀郡張化常員巴郡沈稚黎䖘然顯者猶鮮章武初郡無太守值諸郡叛亂功曹呂凱奉郡丞蜀郡王伉保境六年丞相亮南征高其義表曰不意永昌風俗乃爾以凱為雲南太守伉為永昌太守皆封亭侯李恢遷濮民數千落于雲南建寧界以實二郡凱子祥太康中獻光珠五百斤還臨本郡遷南夷校尉祥子元康末為永昌太守值南夷作亂閩濮反乃南移永壽去故

郡千里遂與州隔絕呂氏世官領郡於今三世矣大
姓陳趙謝楊氏
不韋縣故郡治　比蘇縣　哀牢縣　永壽縣今郡
治　巂唐縣有周水從徼外来　雍鄉縣　南里縣
有翡翠孔雀　博南縣西山高四十里越之得蘭滄
水有金沙以火融之為黃金有光珠穴出光珠有虎
魄能吸芥又有珊瑚
雲南郡蜀建興三年置屬縣七戶萬去洛六千三百
四十三里本雲川地有熊倉山上有神鹿一身兩頭
食毒草有上方下方夷亦出華布孔雀常以二月来

翔月餘而去土地有稻田畜牧但不蠶桑
雲南縣郡治　葉榆縣有河洲
遂久縣有繩水按廣志曰有碧石有綠碧縹
梇棟縣有無血水水出連山
蜻蛉縣有鹽官濮水同出山有碧鷄金馬光影倏忽
民多見之有山神漢宣帝遣諫議大夫蜀郡王襃祭
之欲致鷄馬襃道病卒故不宣著
其縣二別為郡
河陽郡刺史王遜分雲南置屬縣四戶千
河陽縣郡治在河中源洲上

梁水郡刺史王遜分置在興古之盤南

梁水縣郡治有振山出銅

賁古縣采山出銀鉛銅鐵

西隨縣按地道記曰麋水西受徼外東至麋泠入尚龍谿

興古郡建興三年置屬縣十一戶四萬去洛五千八百九十里多鳩獠濮特有瘴氣自梁水興古西平三郡少穀有桄榔木可以作麪以牛酥酪食之人民資以為糧欲取其木先當祠祀

溫縣郡治元鼎二年置

律高縣西有石空山出錫東南有盢町山出錫

鐔封縣有温水

句町縣故句町王國名也其置自濮王姓毋漢時受封迄今

漢興縣　勝休縣有河水也一本云河水從廣百四十里深數十丈地道記曰水東至毋掇入橋水

唐都縣故名雲夢縣

西平郡刺史王遜時爨量保盤南遜出軍攻討不能克及遜薨後寇掠州下吏民患之刺史尹奉重募徼外夷刺殺量而誘降李遏盤南平奉以功進安西將軍封遷陵伯乃割興古雲南之盤江来如南零三縣

為郡

右寧州統郡十四縣六十八

咸熙元年吳交趾郡吏呂興殺太守孫靖内附魏魏拜興安南将軍特南中監軍霍弋表遣建寧爨谷為交趾太守率牙門将軍建寧董元毛炅孟幹孟通爨熊李松王素等領部曲以討之谷未至興巳為功曹李統所殺泰始元年谷等徑至郡撫和初附無幾谷卒晉更用馬忠子融代谷融卒遣犍為楊稷代之加綏遠将軍又進諸牙門皆雜號将軍封吳侯交州刺史劉峻大都督脩則領軍三攻稷皆為稷所敗鬱林

九真皆附稷稷表遣将軍毛炅董元等攻合浦戰于
古城大破吳軍殺峻則稷因表炅為鬱林太守元為
九真太守元病亡更以孟州王素代之數攻交州諸
郡泰始七年春吳王孫皓遣大都督薛珝交州剌史
陶璜師二十萬軍興扶嚴惡夷合十萬伐交趾稷遣
炅及将軍建寧孟岳等禦之戰于封溪衆寡不敵炅
等敗績僅以身還交趾固城自守破敗之後衆讒千
人并新附可有四千男女萬餘口陶璜圍之杜塞蹊
經救援不至雖班糧約食猶不供繼至秋七月城中
食盡病餓死者太半交趾人廣野将軍王約反應陶

積以梯援外吳人遂得入城得稷等皆囚之即斬稷
長史張登將軍孟通及炅并交趾入邵暉等二千餘
人受皓詔傳稷秣陵故楷稷及孟幹爨能李松四人
于吳通四遠消息稷至合浦發病歐血死傳首秣陵
棄其屍喪於海幹松能至吳將加斬刑或說皓宥免
幹等可以勸邊將皓原之欲徙付臨海郡初稷等私
誓不能死節困辱虜手若蒙未死必當思求北歸稷
既路死幹等恐北路轉遠以吳人愛蜀側竹弓弩言
能作之皓轉付部為弓工九年幹自吳逃返洛陽松
能為皓所殺初晉武帝以稷為交州刺史大封半道

稷城陷或傳降故不錄幹至表狀乃追贈交州刺史
封松熊後嗣侯焉
古城之戰毛炅手殺脩則則子允隨陶璜璜以炅壯
勇欲赦之而允必欲求殺炅炅亦不屈於璜璜怒乃
躶身因結面縛呵曰晉兵賊炅亦烈聲呵曰吳狗何
等為賊吳人生割其腹允割其肝罵曰庸復炅罵不
斷曰尚欲斬汝孫皓汝父何死狗也吳人斬之武帝
聞而矜哀即詔允子龔爵封諸子三人關內侯九真
太守王素以交趾敗與董元牙門王承等欲還南中
為陶璜別將衛濮所獲功曹李祚見交趾民殘害還

遂率吏民保郡為晉祚舅黎晃為吳將攻伐祚不下
數遣人解喻降之祚荅曰舅自吳將祚自晉臣惟力
是視矣　邵暉子僞先為父使詣洛拜奉車都尉比
還暉敗亡僞依祚固守求救南中南中遥為之援諸
姓得世有部曲弋遣之南征因以功相承也
譔曰南域處邛笮五夷之表不毛閩濮之鄉固九服
之外也而能開土列郡爰建方州踰博南越蘭滄遠
撫西垂漢武之迹可謂大業然要荒之俗不與華同
安邊撫遠務在得才故高祖思猛士作歌孝文想頗
牧咨嗟斯靜禦之將信王者所詳擇也馬霍王尹得

失之際足以觀矣交趾雖異州部事連南中故并志焉

華陽國志卷第四

華陽國志卷第五

公孫述劉二牧志 晉江原常璩譔　明銅梁張佳胤校刻

先王命史立典遠則經紀人倫三材炳煥品物章矣然而有志之士猶敢議論於鄉校之下芻蕘之人加之謠誦於林野之中管闚瞽言君子有採所以綜核羣善休風惟照也公孫述劉牧二主之廢興存亡漢書國志固以詳矣統之州部物有條貫必申斯篇者格之前憲左氏素臣之功王侯之載籍也而入國之語作焉五傳淵邃大義洋洋聖人之微言也而入覽之書興焉茍在宜稱雖道同世出一事身見遊精愽

志無嫌其繁矣

漢十二世孝平皇帝祚短促國統三絶孝元后兄子安漢公新都侯魏郡王莽簒盜稱天子改天下郡守為卒正又改蜀郡為導江遷故中散大夫茂陵公孫述字子陽為導江卒正治臨邛而劉辟起兵廣漢更始劉聖公在南陽蜀欲應之會宗成垣副王岑等作亂述率吏民拒禦之所在討破作圍守防遏逸越斬首萬計遂據成都威有巴漢政治嚴刻民不為非

更始誅王莽都關中為赤眉賊所敗

建武元年世祖光武皇帝即位河北述夢人謂巳曰

公孫系（後漢作公子系）八十二為期述以語婦婦曰朝聞道夕死尚可何況十二乎會夏四月龍出府殿前以為瑞應述遂稱皇帝號大成建元龍興以莽尚黃乃服色尚白自以興西方為金行也以功曹李熊為大司徒巴郡任滿為大司空弟恢為太尉且置百官造十層赤樓帛蘭設益州為司隸蜀郡為成都尹時世祖方平河北而荊邯延牙並歸述盡有益州置鐵錢官廢銅錢百姓貨賣不行蜀中童謠曰黃牛白腹五銖當復謂莽黃牛述為白腹五銖漢錢言漢當復也故主簿李隆（後漢作張隆）常少數諫述歸帝稱藩述不納天

水隗顚亦據隴連述蜀土清晏述乃移檄中國稱引圖緯以惑衆世祖報曰西狩獲麟讖曰乙子卯金即乙未歲授劉氏非西方之守也光廢昌帝立子公孫即霍光廢昌邑王立孝宣帝也黄帝姓公孫自以土德君所知也漢家九百二十歲以蒙孫亡受以承相其名當塗高高豈君身耶按後漢書曰代漢者當塗高君豈高之身耶又按東觀記載帝與述書曰承赤者黄也姓當塗其名高吾自繼祖而興不稱受命求漢之斷莫過王莽近張滿作惡兵圍得之歎曰為天文所誤恐君復誤也又使述舊交馬援喻述述不從荆邯說述曰昔湯以七十里王天下文王方百里

臣諸侯其次漢祖敗而復征傷痍復戰故能禽秦亡
楚以弱為強況今地方數千杖戟百萬天下之心未
有所歸不束出荊門北陵關隴與之進取則王業不
全子孫不久安也述恍之乃出軍荊門陳倉欲震盪
秦楚多改易郡縣分封子弟淫恣過度然國富民殷
戶百餘萬世祖未遑加兵與述及隗囂書輒署公孫
皇帝七年囂背漢降述述封為王厚資給之十年世
祖命大司馬吳漢與大司徒鄧禹討囂平隴右述聞
而惡之城東素有秦時空倉述更名白帝倉使人宣
言白帝倉暴出米巨萬公卿以下及國人就視之無

米述曰倉去此數里虛妄如此（按後漢本傳述曰詭言不可信隗王破者復如此矣）隗王在數千里外言破壞真不然矣十一年世祖命征南大将軍岑彭自荆門泝江征述又遣中郎将来歙及述舊交馬援奉詔喻述隆少諫令服從述怒曰自古来有降天子乎尚書解文卿大夫鄭文伯初亦諫述繫之暴室六年二子幽死自是莫有言者彭破述荆門關及沔關徑至彭亡述使刺客刺殺彭由是改彭亡曰平無言無賊也又使刺客刺殺歙於武都世祖重遣吳漢與劉尚征述又遣臧宮從斜谷道入述使妹婿延牙距宮大司徒謝豐距漢連戰輙

北漢到城下軍其江橋及其少城豐在廣都牙引還
成都述謂曰事當柰何牙對曰男兒貴死中求生敗
中求成無愛財物也述乃大發金帛開門募兵得五
千餘人以配牙牙告漢戰因偽遣鼓角用麾幟渡市橋
漢兵爭觀牙因放奇兵擊漢大破之漢溺水緣馬尾
至盎底得出後宮兵已至北門述復城守占書曰虜
死城下述以為漢等是虜乃自出戰之當漢牙當宮
大戰牙殺宮兵數百三合三勝士卒氣驕漢益鼓之
自旦至日中饑不得食倦不得息日迭後述兵敗漢
騎士高平以戟刺述中頭即墜馬叩心者數十人都

知是述前取其首牙等悵然還城吏民窮急即夜開
門出降漢盡誅公孫氏及牙等諸將帥二十餘人放
兵大掠多所殘害是歲十二年也漢搜求隱逸旌表
忠義以述臣常少李隆忠諫發憤病死表更遷葬贈
以漢卿官蜀郡王皓王嘉廣漢李業刎首死節表其
門閭犍為朱遵絆馬死戰贈以將軍為之立祠費貽
任永君業馮信等閉門素隱公車特徵文齊守義益
州封為列侯董鈞習禮明經貢為博士程烏李育本
有才幹擢而用之於是西士宅心莫不嚮義　建武
十八年刺史郡守撫卹失和蜀郡史歆怨吳漢之殘

掠蜀也擁郡自保世祖以天下始平民未忘兵而歆
唱之事宜必克復遣漢平蜀多行誅戮世祖誚讓於
漢漢深陳謝自是守藩供職自建武至於中平垂二
百載府盈西南之貨朝多華岷之士矣
漢二十二世孝靈皇帝政治衰缺王室多故太常竟
陵劉焉字君郎江夏竟陵人漢魯恭王之裔建議言
刺史太守貨賂為官割剥百姓以致離叛可選清名
重臣以為牧伯鎮安方夏焉內求州牧以避世難侍
中廣漢董扶私謂焉曰京都將亂益州分野有天子
氣焉惑之意在益州會刺史河南郤儉賦歛繁擾流

言遠聞而并州殺刺史張壹（按蜀書壹作益）涼州殺刺史耿鄙焉議得行漢帝將徵儉加刑以焉為監軍使尋領益州牧董扶亦求為蜀西部都尉太倉令巴郡趙韙去官從焉中平元年涼州黃巾逆賊馬相趙祗等聚衆綿竹殺縣令李升募疲役之民一二日中得數千人遣王饒趙播等進攻雒城殺刺史儉并下蜀郡犍為旬月之間破壞三郡相自稱天子衆以萬數又别破巴郡殺太守趙韙部州從事賈龍素領家兵在犍為之青衣率吏民攻相破滅之州界清淨龍乃選吏卒迎焉焉既到州移治綿竹撫納離叛務行小惠時

南陽三輔民數萬家避地入蜀焉恣饒之引為黨與號東州士遣張魯斷北道枉誅大姓巴郡太守王咸李權等十餘人以立威刑前後左右部司馬擬四軍統兵位皆二千石

漢獻帝初平二年犍為太守任岐與賈龍惡焉之陰圖異計也舉兵攻焉燒成都邑下焉禦之東州人多為致力遂克岐龍焉意漸盛乃造乘輿車服千餘僭擬至尊焉長子範為左中郎將仲子誕治書御史季子璋奉車都尉皆從獻帝都長安惟叔子別部司馬瑁隨焉焉聞相者相陳留吳懿妹當大貴為瑁聘之

荆州牧山陽劉表上焉有子夏在西河疑聖人論帝
遣璋曉喻焉焉留璋不遣反四年征西将軍馬騰自
郿與焉範通謀襲長安治中從事廣漢王商惡諫不
從謀泄範誕受誅議郎河南龐羲以通家将範誕諸
子入蜀而天火燒焉車乘蕩盡延及民家興平元年
焉徙治成都既痛二子又感祆災疽發背卒州帳下
司馬趙韙治中從事王商等貪璋温仁共表代又京
師大亂不能更遣天子除璋監軍使者領益州牧以
韙為征東中郎将率衆征劉表
璋字季玉既襲位懦弱少斷張魯稍驕於漢中巴夷

杜濩朴胡袁約等叛詣魯璋怒殺魯母弟遣和德中郎將龐羲討魯不克巴人日叛乃以羲為巴郡太守屯閬中禦魯羲以宜須兵衛輒召漢昌賨民為兵或構羲於璋璋與之情好攜隙趙韙數進諫不從亦恚恨也建安五年趙韙起兵數萬將以攻璋璋逆擊之明年韙敗羲懼遣吏程郁宣旨於郁父漢昌令畿索益賨兵畿曰郡合部曲本不為亂縱有讒諛要在盡誠遂懷異志非所聞也羲令郁重往畿曰我受牧恩當為盡節汝自郡吏宜念效力不義之事莫有二意羲恨之使人告曰不從太守家將及禍畿曰昔樂羊

食子非無父子之恩大義然也今雖羨子幾欲之矣
義乃厚謝於璋璋善繼遷為江陽太守十年璋聞曹
公將征荊州遣中郎將河内陰溥致敬公表加璋振
威將軍兄瑁平寇將軍十二年璋復遣別駕從事蜀
郡張肅送叟兵三百人并雜御物公辟肅為掾拜廣
漢太守十三年仍遣肅弟松為別駕詣公公時已定
荊州追劉主不存禮松加表望不足但拜越嶲比蘇
令松以是怨公會公軍不利兼以疫病而劉主尋取
荊州松還疵毀曹公勸璋自絕因說璋曰劉豫州使
君之肺腑更可與通時扶風法正字孝直留客在蜀

不見禮恨望松亦以身抱利器忖璋不足與有為常與正竊歎息松舉正可使交好劉主璋從之使正將命正佯為不得已行又遣正同郡孟達將兵助劉主守禦前後賂遺無限十六年璋聞曹公將遣司隸校尉鍾繇伐張魯有懼心松進曰曹公兵彊無敵天下若因張魯之資以向蜀土誰能禦之者乎璋曰吾固憂之而未有計松對曰劉豫州使君之宗室而曹公之深讎也善用兵使之伐魯魯必破破魯則益州彊曹公雖來無為也且州中諸將龐羲李異等皆恃功驕豪欲有外意不得豫州則敵攻其外民叛於內必

敗之道也璋然之復遣法正迎劉先主主簿巴西黄權諫曰左将軍有驍名今請到欲以部曲遇之則不滿其心欲以客賔待之則一國不容二君客有太山之安則主有累卵之危璋不聽從事廣漢王累倒懸於州門以死諫璋璋一無所納正既宣旨陰獻策曰以明将軍之英才乗劉牧之懦弱張松之股肱以響應於内然後資益州之富憑天府之險以此成帝業猶反手也劉主大悅乃留軍師中郎将諸葛亮将軍關羽張飛鎮荆州率萬人泝江西上璋初勑所在供奉入境如歸劉主至巴郡巴郡嚴顔拊心歎曰此所

謂獨坐窮山放虎自衛者也劉主由巴水達涪璋往
見之松復令正白劉主曰今因此會便可執璋則將
軍無用兵之勞坐定一州也軍師中郎將襄陽龐統
亦言之劉主曰此大事也初入他國恩信未著不可
倉卒歡飲百餘日璋推劉主行大司馬司隸校尉劉
主推璋行鎮西大將軍領牧如故益劉主兵使伐張
魯又令督白水軍併三萬軍車甲精實而別璋還州
劉主次葭萌厚樹恩德以收衆心十七年曹公征吳
吳主孫權呼劉主自救劉主貽璋書曰孫氏與孤本
為脣齒今樂進在清泥與關羽相拒不往赴救進必

大克轉侵州界其憂有甚於魯魯自守之賊不足慮
也求益萬兵及資寶璋但許四千他物半給張松書
與劉主及法正曰今大事垂可立如何釋此去乎松
兄廣漢太守肅懼禍及已白璋露松謀璋殺松劉主
歎曰君矯殺吾內主乎嫌隙始構璋勑諸關守不內
劉主龐統說曰陰選精兵晝夜兼行徑襲成都璋既
不武又無素豫一舉而定此上計也楊懷高沛璋之
名將各仗強兵據守關頭數有牋諫璋遣將軍還將
軍遣與相聞說當東歸並使速裝二子既服將軍名
又嘉將軍去必乘輕騎來見將軍因此執之進取其

兵乃向成都此中計也退還白帝連引荊州徐還圖
之此下計也劉主然其中計即斬懷等遣將黃中卓
膺魏延等勒兵前行梓潼令南陽王連固城堅守劉
主義之不逼攻也進據涪城置酒作樂謂龐統曰今
日之會可謂樂矣統對曰伐人之國而以為歡非仁
者也劉主曰武王伐紂前歌後舞豈非仁也統退出
劉主尋請還謂曰向者之談阿誰為失統曰君臣俱
失十八年璋遣將劉璝冷苞張任鄧賢吳懿等拒劉
主於涪皆破敗還保綿竹縣令懿詣軍降拜討逆將
軍初劉主之南伐也廣漢鄭度說璋曰左將軍懸軍

襲我衆不滿萬百姓未附野穀是資計莫若驅巴西
梓潼民内涪水以南其倉廩野穀一皆燒除高壘深
溝靜以待之彼請戰不許久無所資不過百日必禽
矣先主聞而惡之法正曰璋終不能用無所憂也璋
果謂群下曰吾聞拒敵以安民未聞動民以避敵紲
度不用故劉主所至有資進攻綿竹璋復遣護軍南
陽李嚴江夏費觀等督綿竹軍嚴觀率衆降同拜裨
将軍進圍璋子循於雒城十九年關羽統荆州事諸
葛亮張飛趙雲等泝江降下巴東入巴郡巴郡太守
巴西趙筰拒守張飛攻破之獲将軍嚴顔謂曰大軍

至何以不降敢逆戰顏對曰卿等無狀侵奪我州我州但有斷頭將軍無降將軍也飛怒曰牽去斫頭顏正色曰斫頭便斫何為怒也飛義之引為賓客趙雲自江州分定江陽犍為飛攻巴西亮定德陽巴西功曹龔諶迎飛璋帳下司馬蜀郡張裔距亮敗于柏下裔退還夏劉主克雒城與飛等合圍成都而偏將軍扶風馬超率衆自漢中請降劉主遣建寧督李恢迎超超徑至璋震恐所署蜀郡太守汝南許靖踰城出降璋知不敢誅被圍數十日城中有精兵三萬穀支二年衆咸欲力戰璋曰父子在州二十餘年無恩德以加

百姓攻戰三年肌膏草野以璋故也何以能安遂遣張裔奉使詣劉主主許裔禮其君而安其民劉主又遣從事中郎涿郡簡雍說璋璋素雅敬雍遂與同輿而出降吏民莫不歔欷泣涕劉主復其所佩振威將軍印綬還其財物遷璋于南郡之江安吴主孫權之取荊州也以璋為益州刺史劉主東征璋還吴卒也

譔曰公孫述藉導江之資值王莽之亹民莫援者得跨巴蜀而欺天罔物自取滅亡者也然妖夢告終期數有極奉身歸順猶可以免矜愚遂非何其頑哉劉焉器非英傑圖射僥倖璋才非人雄據土亂世其見

奪取陳子以為非不幸也昔齊侯嗤晉魯之使旋蒙
易乘之困魏君賤公叔之侍人亦受割地之辱量才
懷遠誠君子之先略也觀劉璋曹公之侮慢法正張
松二憾既徵同怨相濟或家國覆亡或三分天下古
人一饋十起輟沭揮洗良有以也

華陽國志卷第五

華陽國志卷第六

劉先主志

先主諱備字玄德涿郡涿縣人漢景帝中山靖王勝後也勝子貞元狩六年封涿縣陸城亭侯因家焉祖父雄察孝廉為東郡范令父弘早亡先主幼孤其母販屨織席自業舍東南角籬上有桑樹生高五丈餘遥望童童如車蓋人皆異之或謂當出貴人先主少時與宗中諸兒戲於樹下言吾必乘此羽葆蓋車叔父子敬謂曰汝勿妄言滅吾門也年十五母遣行學與宗人劉德然遼西公孫瓚俱事故九江太守同郡

盧子幹德然父元起常資給先主與德然等元起妻
曰各自一家何能常爾起曰宗中有此兒非常人也
而瓚深與先主善瓚年長先主兄事之喜狗馬音樂
美衣服長七尺五寸垂臂下膝顧自見耳能下人喜
怒不形於色善交結豪俠年少爭附之中山大商張
世平蘇雙等見而奇之多與之金先主由是得合徒
衆河東關羽雲長同郡張飛益德並以壯烈為之禦
侮先生與二子寢則同牀食則共器恩若弟兄然於
稠人廣衆中侍立終日中平元年從校尉鄒靖討黄
巾賊有功除安喜尉求謁督郵不得乃入縛執之杖

二百以綬繫督郵頭頸着馬柳柱委官亡命頃之應
大將軍何進募有功除下密丞復為高堂尉遷為令
瓚為中郎將表先主為別部司馬拒冀州牧袁紹數
有戰功守平原令進領平原相郡民劉平恥為之下
使客刺之客服其德告之而去北海相魯國孔融為
黄巾賊所圍使太史慈求救於先主先主曰孔文舉
聞天下有劉備乎以兵救之廣陵太守下邳陳登元
龍太尉球孫也有儁才輕天下士謂功曹陳矯曰聞
門雍穆有行吾敬陳元方父子氷清玉潔有德有言
吾敬華子魚博聞強識奇偉卓犖吾敬孔文舉雄姿

傑出有王霸之略吾欲劉玄德後徐州牧陶謙表先主為豫州刺史謙病篤謂別駕東海糜竺曰非劉備不能安此州也謙卒竺率州人迎先主先主未許廣陵太守下邳陳登進曰今漢室陵遲海內傾覆立功立事在今日鄙州殷富戶口百萬欲屈使君撫臨州事先主曰袁公路近在壽春此君四世五公海內所歸可以州與之登曰公路驕豪非治亂之主今欲為使君合騎步十萬上可以匡主濟民成五霸之業下可以割地守境書功於竹帛若使君不見聽許登亦未敢聽使君也北海相孔融謂先主曰袁術豈憂國

忘家者耶冢中枯骨何足介意今日之事百姓與能
天與不取悔不可追先主遂領徐州牧建安元年曹
公表為鎮東將軍封宜城亭侯先主與袁術相拒而
下邳守將曹豹叛為呂布所敗先主失妻子轉軍海
西糜竺進妹為夫人及奴客二千金銀寶物資之先
主因而獲振連和於布布還其妻子先主衆萬餘移
軍小沛布惡之自攻先主先主歸曹公公以為豫州
牧益其軍使伐布失利布將高順復虜先主妻子送
布公使夏侯惇助先主不能克三年公自征布生禽
之布曰使布為明公將騎天下不足定也公有疑色

先主曰公待布能如丁建陽董太師乎公頷之布目
先主曰大耳兒最叵信者也遂縊布先主還得妻子
從公還許為左将軍公禮之甚重出則同輿坐則同
席又拜關羽張飛皆中郎将公謀臣程昱郭嘉勸公
殺先主公慮失英豪望不許袁術自淮南欲經徐州
北就袁紹獻帝舅車騎将軍董承受命衣帶中密詔
當殺公承先與先主及長水校尉种輯将軍吳子蘭
王子服等同謀以将行未發公從容謂先主曰天下
英雄惟使君與操本初之徒不足數也先主方食失
七著會天震雷先主曰聖人言迅雷風烈必變良有

以也一震之威乃至於此也公亦悔失言先主還沛
觧公使覘之見其方披慈使厮人為之不端正舉杖
擊之公曰大耳翁未之覺也其夜先主急東行昰嘉
復言之公馳使追之不及先主遂殺徐州刺史車青
以叛留關羽行下邳太守事身還小沛而承等謀洩
受誅先主衆數萬遣從事北海孫乾自結於袁紹公
遣将軍劉岱王忠擊之不克　五年公東征先主先
主敗績妻子及關羽見獲先主奔青州刺史袁譚奉
迎道路馳以白父紹紹身出鄴二百里與先主相見
公壯羽勇鋭拜偏将軍初羽随先主從公圍呂布於

濮陽時秦宜祿爲布求救於張楊羽啓公妻無子下城乞納宜祿妻公許之及至城門復白公疑其有色自納之後先主與公獵羽欲於獵中殺公先主爲天下惜不聽故羽常懷懼公察其神不安使將軍張遼以情問之羽嘆曰吾極知曹公待我厚然吾受劉將軍恩誓以共死不可背之要當立効以報曹公公聞而義之是歲紹征官渡遣梟將顔良攻東郡太守劉延於白馬公使遼羽爲先鋒羽望見良麾蓋策馬刺良於萬衆中斬其首還紹將莫敵遂解延圍公即表封羽漢壽亭侯重加賞賜羽盡封其物拜書告辭而

歸先主左右欲追之公曰彼各有主　先主說紹南
連荊州牧劉表紹遣將其卒兵至汝南公使將蔡陽
擊之先主謂曰吾勢雖不便汝等百萬來未如吾何
曹孟德單車來吾自去楊等必戰為先主所殺　公
既破紹自南征汝南先主遣麋竺孫乾詣劉表表郊
迎之待以上賓使屯新野潁川徐元直致瑯琊諸葛
亮曰孔明臥龍也將軍願見之乎先主曰君與俱來
庶曰此人可就見不可屈致也先主遂造亮凡三因
屏人曰漢室傾頹奸臣竊命主上蒙塵孤不度德量
力欲信大義於天下而智術淺短遂用猖獗至于今

日志猶未已君謂計将安出亮對曰自董卓以來豪傑並起跨州連郡不可勝數曹操比於袁紹則名微而衆寡然遂能克紹以弱為彊雖云天時抑人謀也今操已擁百萬之衆挾天子而令諸侯此誠不可與爭鋒也孫權據有江東已歷三世國險而民附賢能為之用此可以為援而不可圖也荆州北據漢沔利盡南海東連吳會西通巴蜀此用武之國而其主不能守殆天所以資将軍也益州險塞沃野天府之土高祖因之以成帝業劉璋闇弱張魯在北國富民殷而不知卹賢能之士思得明君将軍既帝室之胄信

義著於四海總覽英雄思賢如渴若跨有荆益保其險阻西和諸戎南撫夷越結好孫權内脩政理天下有變命一上將將荆州之軍以向宛洛將軍身率益州之衆出於秦川天下孰不簞食壺漿以迎將軍者乎如此則霸業可成漢室可興矣先主曰善與亮情好日密自以為猶魚得水也　十三年表卒少子琮襲位曹公南征琮遣使請降先主屯樊不知曹公卒至至宛先主乃知遂將其衆去比到當陽衆十餘萬人車數千兩日行十餘里別遣關羽乘舡會江陵或謂先主曰宜速行雖擁大衆被甲者少曹公軍至何

以禦之先主曰夫濟大事以人為本今人歸吾何忍棄之　公以江陵有軍實恐先主據之乃釋輜重以輕騎五千追先主一日一夜行三百里及於當陽之長坂先主棄妻子與諸葛亮張飛等數十騎走公盡獲其民衆急追先主張飛據水斷橋橫馬按矛曰我張益德也可來決死公徒乃止　先主邪趣漢津適與羽舡會而趙雲身抱先主弱子後主及雍先主甘夫人相及濟江亮曰事急矣請奉命求救於孫將軍時權軍柴桑既服先主大名又悅亮奇雅即遣周瑜程普水軍三萬助先主拒曹公大破公軍於赤壁焚

其舫舟公引軍北歸先主以劉表長子江夏太守琦

爲荆州刺史

先主南平四郡武陵太守金旋長沙太守韓玄桂陽太守趙範零陵太守劉度皆降廬江雷緒率部曲數萬口稽顙　琦病死先主領荆州牧治公安孫權進妹恩好綢繆以亮爲軍師中郎將督南三郡事以關羽爲盪寇將軍領襄陽太守住江北張飛爲征虜將軍宜都太守　初先主之敗東走也徑往鄂無土地關羽責之曰早從獵中言無今日先主曰安知此不爲福也及得荆州復有人衆孫權遣使求共伐蜀又

曰雅頎以隆成為一家諸葛孔明母兄在吳可令相
弁主簿殷觀曰若為吳先驅大事去矣今但可贊之
言新據諸郡未可以動彼必不越我而有蜀也先主
乃報曰益州不明得罪左右庶幾將軍高義上匡漢
朝下輔宗室若必尋干戈備將散髪於山林未敢聞
命權果輟計遷觀別駕　十六年益州牧劉璋遣法
正迎遂西入益州建安十九年先主克蜀蜀中豐富
盛樂置酒大會饗食三軍取蜀城中民金銀頒賜將
士還其穀帛賜諸葛亮法正關羽張飛金五百斤銀
千斤錢五千萬錦萬疋其餘各有差以亮為軍師將

軍署左将軍府事正揚武将軍蜀郡太守關羽督荆州事張飛為巴西太守馬超平西将軍不用許靖法正説曰有獲虚譽而無實者靖也然其浮名稱播海内人将謂公輕士乃以為長史龐羲為司馬李嚴為犍為太守費觀為巴郡太守徴益州太守南郡董和掌軍中郎太守漢嘉王謀為別駕廣漢彭羕為治中辟零陵劉巴為西曹掾廣漢長黄權為偏将軍於是亮為股肱正為謀主飛羽超為爪牙靖羲及麋竺簡雍孫乾山陽伊籍為賓友和嚴權本劉璋所授用也吴懿費觀璋之婚親也彭羕璋所排擯也劉巴巳所

宿恨也皆處之顯位盡其器能有志之士無不競勸
羣下勸先主納劉瑁妻先主嫌其同族法正曰論其
親疎何與晉文之於子圉乎從之正既臨郡睚眦之
怨一湌之惠無不報復或謂諸葛亮曰法正蜀郡太
縱横將軍宜啓主公亮曰公之在公安也北畏曹操
之强東憚孫權之逼内慮孫夫人興變於肘腋之下
孝直為輔翼遂翻飛翱翔不可復制如何禁法使不
得行其志也　孫夫人才捷剛猛有諸兄風侍婢百
人皆仗劒侍立先主每下車心常凛凛正勸先主還
之　二十年孫權使使報先主欲得荆州先主報曰

吾方圖涼州涼州定以荊州相與孫權怒遣呂蒙襲
奪長沙零陵桂陽三郡先主下公安令關羽入益陽
會曹公入漢中張魯定巴西黄權進曰若失漢中則
三巴不振此割蜀人股臂也於是先主與吳連和分
荊州江夏長沙桂陽東屬南郡零陵武陵西屬引軍
還江夏以權為護軍迎魯魯已北降曹公權破公所
署三巴太守杜濩朴胡袁約等公留征西將軍夏侯
淵益州刺史趙顒及張郃守漢中公東還郃數犯掠
巴界先主率張飛等進軍宕渠之蒙頭拒郃相持五
十餘日飛從他道邀郃戰於陽石遂大破郃軍郃失

馬緣山獨與麾下十餘人從間道還南也二十一年
先主還城都二十二年蜀郡太守法正進曰曹操一
舉降張魯定漢中不因此勢以圖巴蜀而留淵郃身
遽北還非智不逮力不足將内有憂逼耳今筭淵郃
才畧不勝我將率舉衆往討則必可擒天以與我時
不可失也先主從之以問儒林校尉巴西周羣羣對
曰當得其地不得其民若出偏軍必不利先主遂行
諸葛亮居守足食足兵也　二十三年先主急書發
兵軍師亮以問從事犍為楊洪洪對曰漢中蜀之喉
咽存亡之機若無漢中則無蜀矣此家門之禍男子

當戰女子當運發兵何疑亮以法正從行白先主以洪領蜀郡太守後遂即真初洪為犍為太守李嚴功曹去郡數年已為蜀郡嚴故在職而蜀郡何祇為洪門下書佐去郡數年已為廣漢太守洪故在官是以西土咸服亮之能攬拔英秀也後洪祇俱會亮門下洪謂祇曰君馬何駛祇對曰故吏馬不為駛明府馬不進耳　二十四年先主定漢中斬夏侯淵張郃率吏民內徙先主遣將吳蘭雷同入武都皆沒乃舉群茂。　時州後部司馬張裕亦知占術坐漏言先主得蜀寅卯之間當失漢凶年在庚子誅　曹公為魏王王西征聞法正策曰固知玄德不辨此又曰吾收奸雄略盡獨不得正邪　羣下上先主為漢中王大司馬以許靖為太傅法正為尚書令零陵賴恭為太常南陽黃權為光祿勳王謀為少府武陵廖立為侍中關羽為前將軍張飛為右將軍馬超為左將軍皆假節鉞又以黃忠為後將軍趙雲翊軍將軍其餘各進官號軍師諸葛亮曰黃忠名望本非關張馬超之倫也今張馬在近親見其功猶可喻指關遙聞之恐必不悅先主曰吾自解之　時關羽自江陵圖曹仁於樊城遣前部司馬犍為費詩拜假節羽怒曰大丈

夫終不與老兵同列不肯受拜詩謂曰昔蕭曹與高
祖幼舊陳韓亡命後至論其班爵韓最居上未聞蕭
曹以此為怨今王以一時之功隆崇於漢升（黄忠字也）意
之輕重寧當與君侯齊乎王與君侯譬猶一體禍福
同之愚謂君臣不宜計官號之高下爵位之多少也
羽即受拜初羽聞馬超來降素非知故書與諸葛亮
問其人才亮知羽忌前荅曰孟起黥彭之徒一世之
傑當與益德並驅爭先猶不如髯之絶倫也羽省書
忻悅以示賓客羽美鬚髯故亮稱云髯也羽臂嘗中
流矢每天陰疼痛醫言矢鋒有毒須破臂刮毒患乃

可除羽即伸臂使治時適會客臂血流離盈於盤器
而羽引酒割炙言笑自若
魏王遣左將軍于禁督七軍三萬人救樊漢水暴長
皆為羽所獲又殺魏將龐德威震華夏魏王議徙許
都以避其鋭而孫權襲江陵將軍傅士仁南郡太守
糜芳降吳羽久不拔城魏右將軍徐晃救樊羽退還
遂為孫權所殺吳盡取荊州以劉璋為益州牧住秭
歸　是歲尚書令法正卒謚曰翼侯以尚書劉巴為
尚書令　二十五年春正月魏武王薨嗣王丕即位
改元延康蜀傳聞漢帝見害先主乃發喪制服追謚

曰孝愍皇帝所在並言衆瑞故議郎楊泉亭侯劉豹
青衣侯向舉偏将軍張裔黄權司馬屬殷純别駕趙
祚治中楊洪從事祭酒何宗議曹從事杜瓊勸學從
事張爽尹默譙周等上河洛符驗孔子所甄赤三日
德昌九世會備合為帝際洛書寳號命曰天度帝道
備稱皇又言周群父未亡時數言西南有黄氣立數
十丈而景雲祥風從璇璣下来應之如圖書必有天
子出方今大王應際而生與神合契願速即洪業以
寧海内先主未許冬魏王丕即皇帝位改元黄初漢
獻帝遜位為山陽公　章武元年魏黄初二年也春

太傅許靖安漢將軍糜竺軍師將軍諸葛亮太常賴恭光祿勲黄權少府王謀等乃勸先主紹漢統即帝號先主不許亮進曰昔吴漢耿弇等勸世祖世祖辭讓耿純進曰天下英雄喁喁兾有所望若不從議者士大夫各歸求主無從公也世祖感之今曹氏篡漢天下無主大王紹世而起乃其宜也士大夫隨大王久勤苦者亦欲望尺寸之功如純言耳先主乃從之亮與博士許慈議郎孟光建立禮儀擇令辰貴詩上疏曰駿下以曹操父子逼主篡位故乃羈旅萬里糾合士衆將以討賊今大敵未克而先自立恐人心

疑惑昔高祖與楚約先破秦者王及屠咸陽獲子嬰
猶推讓況今殿下未出門便欲自立愚臣誠不為殿
下取也朝廷左遷師部永昌從事　夏四月丙午先
主即帝位大赦改元章武以諸葛亮為丞相假節錄
尚書許靖為右司徒張飛車騎將軍領司隸校尉進
封西鄉侯馬超驃騎將軍領涼州刺史封斄鄉侯北
督臨沮偏將軍吳懿為關中都督進侯延鎮北將軍
李嚴輔漢將軍襄陽馬良為侍中楊儀為尚書蜀郡
何宗為鴻臚立宗廟祫祭高皇帝世祖光武皇帝
五月辛巳立皇后吳氏吳懿妹劉璋兄瑁妻也子禪

為皇太子　六月立子永為魯王理為梁王　先主
将東征以復關羽之耻命張飛率巴西萬兵将會江
州飛帳下将張達范疆殺飛持其首奔吳初飛羽勇
冠三國俱稱萬人之敵羽善待小人而驕士大夫飛
愛敬君子而不卹小人是以皆敗先主常戒之曰御
刑殺過差鞭撻健兒令在左右此取禍之道飛不悟
故敗先主聞飛營軍都督之有表也曰噫飛死矣命
丞相亮領司隷校尉　秋七月先主東伐群臣多諫
不納廣漢秦宓上陳天時必無其利先主怒縶之于
理　孫權送書請和先主不聽吳将陸議李異劉阿

等軍秭歸左右領軍南郡馮習陳留吳班自建平攻破異等軍次秭歸武陵五溪蠻夷遣使請兵　二年春正月先主軍秭歸　吳班陳戒等水軍屯夷陵夾江東西岸　二月將進黄權諫曰吳人悍戰而水軍泝流進易退難臣請為先驅以嘗寇陛下宜為後鎮先主不從以權為鎮北將軍督江北軍先主連營稍前軍於夷道猇亭遣侍中馬良經佷山安慰五溪蠻夷夏六月黄氣見自秭歸十餘里中廣十餘丈後十數日與吳人戰先主敗績馮習及將張南皆死先主嘆曰吾之敗天也委舟舫由步道還魚復將軍義陽傅

形為後殿兵衆死盡形氣益烈吳將喻令降形罵曰吳狗何有漢將軍降者遂戰死從事祭酒程畿泝江退衆曰後追已至宜解舫輕行畿曰吾在軍未習為敵之走況從天子乎亦見殺　黃權偏軍孤絕遂北降魏李異劉阿等踵躡先主屯南山　先主改魚復曰永安丞相亮聞而嘆曰法孝直若在則能制主上使不東行既復東行必不傾危矣　八月司徒靖卒

是歲驃騎將軍馬超亦卒臨沒上䟽曰臣宗門二百餘口為孟德所誅略盡唯從弟岱當為微宗血食之係深託陛下岱官至平北將軍拜形子龠左右

郎將　冬十月詔丞相亮營南北郊於成都孫權聞
先主在白帝甚懼遣使請和先主使太中大夫南陽
宗瑋報命　十有一月先主寢疾　十有二月漢嘉
太守黄元素亮所不善聞先主疾病慮有後患舉兵
拒守　三年春正月召丞相亮於成都詔亮省疾于
永安元燒臨邛城治中從事楊洪啓太子遣將軍陳
曶鄭綽由青衣水伐元滅之　二月亮至永安先主
謂曰君才十倍曹丕必能安國終定大事若嗣子可
輔輔之如其不才君可自取亮涕泣對曰臣敢竭股
肱之力効忠貞之節繼之以死先主又為詔勑太子

曰汝與丞相從事事之如父亮與尚書令李嚴並受寄託　夏四月先主殂于永安宮時年六十三亮表後主曰大行皇帝邁仁樹德覆育無疆昊天不弔今月二十四日奄忽升遐臣妾號咷如喪考妣乃顧遺詔事惟太宗百寮發哀三日除服到葬期復服其郡國守相令長丞尉三日除服五月梓宮至成都謚曰昭烈皇帝秋八月葬惠陵

譔曰漢末大亂雄傑並起若董卓呂布二袁韓馬張楊劉表之徒兼州連郡衆踰萬計叱咤之間皆自謂漢祖可踵桓文易邁而魏武神武幹畧戡屠盪盡于

時先主名微人鮮而能龍興鳳舉伯豫君徐假翼荆楚翻飛梁益之地元亂漢祚而吳魏與之鼎峙非英才命世孰克如之然必以曹氏替漢宜扶信順以明至公還乎名號為義士所非及其寄死託孤於諸葛亮而心神無貳陳子以為君臣之至公古今之盛軌也

華陽國志卷第六

（晉）常璩 撰

明本華陽國志

第三册

國家圖書館出版社

第三册目録

華陽國志卷第十中

廣漢士女

楊宣字君緯什邡人也少受學於楚國王子張天文圖緯於河内鄭子侯師事楊翁叔能暢鳥言長於災異教授弟子以百數成帝徵拜諫大夫帝無嗣宣上封事勸宜以定陶恭王子為太子帝從之出宣為交州牧太子即位為哀帝拜河内太守徵太倉令上宜封周公孔子後帝從之封周公孫相如為襃魯侯孔子後孔均為襃成侯又薦遼東王綱瑯琊徐吉太原郭越楚國龔勝等宜讚隆時雍平帝時命持節為講

學大夫與劉歆共校書居攝中卒門生河南李吉廣
漢嚴象趙翹等皆作大儒
鄭純字長伯郪人也為益州西部都尉處地金銀琥
珀犀象犛羽出作此官者皆富及十世純獨清廉毫
毛不犯夷漢歌歎表聞三司及京師貴重多薦美之
明帝嘉之乃改西部為永昌郡以純為太守在官十
年卒列畫頌東觀
楊統字仲通新都人也事華里先生炎高高戒統曰
漢九世王出圖書與卿適應之建武初天下求通内
讖二卷者不得永平中刺史張志舉統方正司徒魯

恭辟掾與恭共定音律上家法章句及二卷解說遷侍中光祿大夫以年老道深養於辟雍授几杖為三老卒

王祐字平仲郪人也少與雒高士張浮齊名不應州郡之命司隸校尉陳紀山名知人稱祐天下之高年四十二卒弟獲志其遺言撰王子五篇東觀郎李勝文章士也作誄方之顏子列畫學宮獲一作濩

楊序字仲桓統仲子也道業侔父三司及公車連徵辭拜侍中上言四方反荆楊交州當兵起人民疫蝗洛陽大水宮殿當災三府當免近戚謀變皆效驗大

将軍梁冀秉權自退去授門徒三千人本初元年及建和中特徵聘不行年八十三卒天子痛惜詔謚曰文父弟子雒昭約節宰綿竹寇懂文儀蜀郡何萇幼正侯祈升伯巴郡周舒叔布及任安董扶等皆徵聘辟舉馳名當世

段翳字元章新都人也明經術妙占未来常告太渡津口曰某日當有諸生二人荷擔問翳舍處者幸為告之後竟如其言又有人從冀州来學積年自以精究翳術辭去翳為筒作書封頭與之告曰有急發之至葭萌爭津吏撾從者頭諸生發筒筒中有書曰到

葭萌爭津破頭以膏釁之生乃喟然知不及翳還更精學翳常隱匿不使人知門人皆號夫子

王渙字稚子郪人也初為河内溫令路不拾遺郎不閉門民歌之曰王稚子世未有平徭役百姓喜遷兗州刺史部中肅清徵拜侍御史洛陽令聰明惠斷公平廉正抑強扶弱化行不犯發奸擿伏思若有神京華密靜權豪畏敬元興元年卒百姓痛哭二縣弔祭行人商旅莫不祭之賈胡左威遭其清理制服三年洛陽弦歌之為立祠天子悼惜每下詔書德令必賜後嗣與卓茂等為伍 渙子石御太后嘉渙勞勤詔為郎中

王堂字敬伯郪人也初臨巴郡進賢達士舉孝子嚴永隱士黄錯及張璊陳髦民為立祠徙任左扶風政教嚴明帝舅車騎將軍閻顯大將軍竇憲中常侍江京等囑託輒拒之白鹿見象不以為祥徙魯相又徙汝南守舉陳蕃為功曹應嗣司隸校尉號知人之鑑

馬顒字叔宰郪人也少師事楊仲桓及蜀郡張光超後又事東平虞叔雅初為謁者威儀濟濟為成都令遷越嶲太守所在著稱為梁冀所不善隱居作易章句及刺奢說修黄老恬然終日

翟酺字子超雒人也少事段翳以明天官為侍中尚

書常見太史令孫懿歔欷涕泣曰圖書有賊臣孫登
将以才智為黄門開路君表相應之是以悽愴後為
京兆尹光禄大夫将作大匠上言漢四百年當有弱
主閉門聽政數在三百年之間薦故太尉龐參故司
徒李郃明通三才忠正可以輔世所言每指利疾權
貴誣酺及尚書令高堂之交搆免死著援神契經説
卒家

郭賀字喬卿雒人也初為太守黄幸戶曹幸有事與
漢中太守李棠俱被徵賀勸幸星行詣詔獄自歸德
免棠稽留詔殺之由是顯名太守蔡茂命為主簿茂

夢坐太極殿上得嘉禾三穗以問賀對曰明府位當至三公旬月茂遷司徒表賀明律令稍遷侍中尚書僕射司隸校尉荊州刺史明帝南巡狩善其治徵河南尹卒天子痛惜賜錢三十萬

鐔顯字子誦鄀人也　蔡弓字子騫雒人也俱携手共學冬則侍親春行受業與張霸李郃張皓陳禪為友共師司徒■魯恭顯又與王稚子同見察孝於太守陳司空歷豫州刺史光禄大夫侍中衛尉弓為廬江太守徵拜郎而霸郃皓禪皆至公卿

李尤字伯仁　李勝字茂通雒人也侍中賈逵薦尤

有相如楊雄之才明帝召作東觀辟雍德陽諸觀賦
銘懷戎頌百二十銘著政事論七篇帝善之拜諫大
夫樂安相後與劉珍共撰漢紀孫充有文才勝為東
觀郎著賦誄論頌數十篇
王稚字叔起堂幼子也屢拒孝廉公府十五辟公車
徵及授二千石徵以太常終不詣年八十一卒門人
祿其本行謚曰憲父癸未詔書以安車聘請會已亡
馮信字季誠郪人也郡三察孝廉州舉茂才公府十
辟公車再徵不請公孫述時託目青盲有婢姦其前
陽不覺述卒以年老不出

董扶字茂安　任安字定祖綿竹人也家居教授弟子自遠而至扶初應賢良方正詣京師宰府十辟公車三徵再舉有道為侍中觀漢將亂求為蜀國還蜀安察孝廉及茂才公府辟公車徵皆不詣卒布衣弟子杜微何宗杜瓊皆名士至卿佐

王商字文表廣漢人也博學多聞州牧劉璋辟為治中試守蜀郡太守荊州牧劉表大儒南陽宋仲子遠慕其名皆與交好許文休稱商中夏王景興董也商勸璋攬奇拔雋甚多匡救薦致名士安漢趙韙　及陳實盛先墊江龔楊趙敏黎景閬中王澹江州孟彪

皆至州右職郡守又為嚴李立祠正諸祀典在官一十年卒

劉寵字世信綿竹人也出自孤微以明公羊春秋上計闕下見除成都令政教明肅時諸縣多難治乃換寵為郫令又換郪安漢皆垂績還在成都遷牂牁太守初乘一馬之官布衣疏食儉以為教居郡九年乘之而還吏人為之立銘王商陳實當世貴士皆與為友

段恭字節英雒人也少周流七十餘郡求師受學經三十年凡事馮翊駱異孫泰山彥之章渤海紀叔陽

遂明天文二卷東平虞叔雅學絕高當世遂遊於蜀

恭以朋友禮待之後為上計掾會有司劾太尉龐參

兼舉茂才孝廉參性忠正亮直為貴戚所擯以恚發

病遠近稱冤恭不能耐其枉抗疏表參忠直不當以

讒佞傷毁忠正帝悟即日召西曹掾問疾尋羊酒慰

勞參忠

姜詩字士遊雒人也事母至孝母欲江水及鯉魚膾

又不能獨食須鄰母共之詩嘗供備子汲江溺死秘

言遣學不使母知於是有涌泉出於舍側有江水之

香朝朝出鯉魚二頭供二母之膳其泉灌田六頃施

及比隣公孫述平後東精為賊掠害不敢入詩里時
大荒餓精致米肉與詩詩埋之永平三年察孝廉明
帝詔曰大孝入朝孝廉一切皆平之除江陽符長所
居鄉皆為之立祠

王忳字少林新都人也遊學京師見客舍有一書生
困病忳隱視奄忽便絶有金十斤忳以一斤買棺木
九斤還腰下瘞埋之後為大度亭長大馬一匹来入
亭中又有繡被一領飛墮其前人莫識者郡縣以畀
忳後乘馬到雒縣馬牽忳入它舍主人問忳所由得
馬忳具說其狀并及繡被主人悵然曰卿何陰德而

致此杝說昔埋書生事主人驚曰是我子也姓金名彥卿乃葬之不報天彰卿德辟舉茂才除酈令宿鰲亭中數有人為鬼所殺杝上樓夜半有女子稱冤曰妾涪令妻也向之官宿此枉為亭長所殺大小二十口埋在樓下奪取財物杝曰汝何故以怙殺人女子曰妾不得白日惟依夜愬人眠不肯應恚故殺之初來時言無衣杝以衣衣之言訖投衣而去旦召遊徼詰問具服即收同謀十餘人殺之送涪令喪還郡里當世稱之（游徼杝門下人即先殺涪令於鰲亭者）

羊碁字仲魚鄴人也父為交州刺史卒官碁迎喪不

敢取官舍一物郡三察孝廉公府辟州別駕皆不應

太守尹奉棄刑名行禮樂請為功曹刺史必欲借眷

自佐不得已為別駕後為太守孫寶蔡茂掾諷功曹

當欲渡津津吏滯停車待之三日將宿中亭中有縣

吏引車避之為野王令

朱倉字雲卿什邡人也受學於蜀郡張寧飡豆飲水

以諷誦同業憐其貧資給米肉終不受著河洛解家

貧恒以步行為郡功曹每察孝廉蓋祿祿諸公府試

不就州辟治中從事以諷詠自終

折像字伯式雒人也其先張江為武威太守封南陽

折係因氏焉父國為鬱林太守家資二億故奴婢八百人盡散以施宗族䘏贍親舊塋死弔喪事東平虞叔雅以道教授門人朋友自遠而至時人為諺曰折氏客誰朱雲卿段節英中有佃子趙仲平但說天文論五經

杜貞字孟宗綿竹人誦書百萬言兄事翟酺酺免後尚書令與司隸校尉杜劾之復徵詣獄貞上章救之受掠笞六百獄中明酺無事京師壯之以漢道微散財施宗族不應公州辟命及辭長吏候迎每交於門乃斷髮以自絕

諒輔字漢儒新都人為郡五官掾時天大旱請雨不
降輔出禱祈乃積薪祝神曰不雨則欲自焚為貪叨
吏謝罪百姓言終即雨
韓揆字伯彥綿竹人也為令錡裒主簿值黃巾賊入
界扶裒走入草中裒遣求隱醫處未還裒為賊所得
見害揆殯殮葬埋訖詣從事賈龍求兵討賊賊破曰
本報令君而苟自活非忠乃自殺
左喬雲綿竹人也少為左通所養為子通坐任徒徒
逃吏欲破通腹通無壯子故為吏所侵喬雲時年十
三喟然憤怒以銳刀殺吏解通將走令出追初聞以

為壯士及知小兒為之流涕

楊寛字叔仲新都人父斌證令萬世太守投諷以忠義壯聞寛為郡吏郷人馬閏章言太守五方寛與兄偕詣獄證之得理後方當遷南郡閏復章之寛乃發閏私閏伏罪友人汝鈕為張明所殺寛怒縛明送鈕家使自謝之也

甯叔字茂泰廣漢人與友人張昌共受業太學昌為河南大豪吕條所殺叔殺條自拘河南獄順帝義而赦之

張鉗字子安廣漢人也師事犍為謝裒裒死負土成

墳三年裒子為人所殺針復其仇自拘武陽獄會赦
免當世義之

賈栩字元集什邡人也雒孟伯元為父復讐聞栩名
姓投之雒縣追伯元蹤栩歎曰士以義遇我豈可背
哉殺雒縣必移什邡負我君乃自殺李勝言之以方
虞卿魯之朱家

郭玉字通直新都人也明方術伎妙用針作經方頌
説官至太醫丞校尉

秦宓字子勑綿竹人也初隱遁不應州郡之命丞相
亮領益牧選為別駕中郎將吳使張温將反命亮率

百官餞之溫與宓語荅問若響應聲辭義雅美溫大
敬服以為蜀之有宓猶魯仲尼也遷長水校尉司農
宓其有通理弟子譙周具傳其業
李朝字永南弟邵字偉南郪人也王士字義強從弟
甫字國山文表諸弟也先主領牧朝為別駕群下上
先主為漢中王其文朝所造也後丞相亮府辟西曹
掾亦有文才兄弟三人號三龍士歷宕渠犍為益州
太守甫善言議闕人流美稱自綿竹令為州右職
鐔承字公文郪人也歷郡守州右職為少府太常時
費褘秉政孟光來敏皆棲遲承以和獨立特進之也

王累新都人也州牧璋從別駕張松計遣法正迎先
主主簿黄權諫不納累為從事以諫不入乃自刎州
門以明不可
鄭度綿竹人也先主自葭萌南攻説牧璋曰左將軍
懸軍襲我野穀是資急駈巴西梓潼民内涪水以南
一切燒除野穀固壘待之彼請戰不許久無所資不
過百日必當囬先主聞而惡之璋不納言雖在天亦
由璋之愚
彭羕字永年廣漢人有俊才劉璋時坐事為徒及先
主入自託龐統為州右職失主意左遷江陽太守羕

怨望諸葛亮以為心大志廣難可保勸先主因事誅

之語在本傳

李邈字漢南邵兄也牧璋時為牛鞞長先主領牧為

從事正旦命行酒得進見讓先主曰振威以將軍宗

室肺腑委以討賊元功未効先寇而滅邈以將軍之

取鄙州甚為不宜也先主曰知其不宜何以不助之

邈曰匪不敢也力不足耳有司將殺之諸葛亮為請

得免久之為犍為太守丞相參軍安漢將軍建興六

年亮西征馬謖在前亮將殺之邈諫以秦赦孟明用

霸西戎楚誅子玉二世不競失亮意還蜀十三年亮

卒後主素服發哀三日遡上疏曰呂祿霍禹未必懷反叛之心孝宣不好為殺臣之君直以臣懼其福主畏其威故姦萌生亮身仗強兵狼顧虎臣五大不在邊臣常危至今亮殞歿蓋宗族得全西戎靜息大小為慶後主怒下獄誅之

任安母姚氏也雍穆閨門早寡立義資安遂事大儒安教授每為賑卹其弟子以慰勉其志於是安之門生益盈門

龐行姜詩妻也事姑晝夜紡績以給供養子汲江溺水死秘言遣詣學常作冬夏衣投水中託言寄與子

詩呼妻使為姑春應命遲見遣不敢遠去遊於外供
給因隣母致姑勑還

義舊狄道長姜穆女綿竹司馬雅妻也既許婚父坐
事徙朔方雅就婚死顧人送其喪尋父母死朔方義
舊獨與弟孤居十年士大夫求終不肯乃上疏自訟
求還鄉里天子愍悼下朔方使送遂下詔書定律令
女已許嫁不得從父母徙

紀配廣漢殷氏女廖伯妻也年十六適伯伯早亡已
自有美色慮人求已作詩三章自誓心而求者猶衆
父母將許乃斷指明情養子猛終義太守薛鴻圖像

府庭

彭非廣漢王輔妻也王和新都人使敬妻也李進娥郪人馮季宰妻也輔早亡叔父欲改嫁非乃詣太守五方截髮自誓敬亦早亡和養孤守義蜀郡何王因媒介求之兄曉喻以公族可憑和恚割其一耳季宰亦早亡父母欲改嫁進娥亦剪髮自誓各養子終義

正流廣漢李元女楊文妻也適文有一男一女而文没以織履為業父欲改嫁乃自沉水中宗族捄之幾死得免太守五方為之圖像

相烏德陽人袁稚妻也十五適稚二十稚亡無子父

母欲改嫁之便自殺袁福亦德陽人王上妻也有二子上以喪親過哀死福哀感終身父母欲改嫁乃自殺

汝敦妻某敦兄弟共居有父母時財嫂心欲得妻勸送二兄敦盡讓田宅奴婢與兄自出居後敦耕得金一器妻復勸送二兄夫妻共往嫂性悋嗇謂欲借貸甚不悦及見金踊躍兄感悟即出妻讓財還弟弟不受相讓積年後並察孝廉世為冠族

犍為士女

王延世字長叔資中人也建始五年河决東郡氾濫

兖豫四郡三十二縣沒官民屋舍四萬所御史大夫尹忠以不盡職致河決自殺漢史案圖緯當有能循禹之功在犍牁之資陽求之正得延世徵拜河堤謁者治河以竹落長四丈大九圍夾小船載小石治之三十六日隄防成帝嘉之改年曰河平封延世關內侯拜光祿大夫乃賜黃金百斤

董鈞字文伯資中人也少受業於鴻臚王臨永平初議天地宗廟郊祀儀禮鈞與太常定其制又定諸侯王喪禮歷城門校尉五官中郎將以儒學貴稱繼叔孫通

張晧字叔明武陽人也以聰明辟大將軍掾遷尚書
僕射彭城相進隱士閭丘遷等徵拜廷尉延光三年
安帝將廢太子為濟陰王晧與太常桓焉太僕来歷
争之安帝不許及安帝崩濟陰得立為順帝以晧為
司空久之免後徵為廷尉清河趙騰等坐謗訕當誅
所引八十餘人晧以聖賢明義争之咸稱平當
趙旂字子鸞資中人也初臨卄陵引農郡甚善治民
徵尚書遷司隸校尉時梁冀子弟放恣旂以法繩之
不敢為非京師肅清桴鼓不鳴
楊渙字孟文武陽人也以清秀博雅歷臺郎相稍遷

尚書中郎司隷校尉甚有嘉聲美稱

楊準字伯邳漢安縣人也初為郡太守尉李固薦準累世忠直拜尚書太傅陳蕃表為河東入為尚書令奏書治南陽太守曹麻潁川太守曹騰濟南太守孫訓等子弟依託形勢淫從徵廷尉治罪訓梁冀婦家子也於是憚之又薦朱寓盛精滕延為尚書陸稠為郡守皆名士也桓帝即位拜河南尹遷司隷校尉冀叔父梁忠為執金吾不朝正初劾奏之朝士服其公亮徙將作大匠

楊蕣字翁君武陽人為功曹刺史王尊當之州移書

諸郡不得遣迎惟犍為遣莽何霸巴郡遣嚴尊尊大怒莽前對曰使君不使奉迎譙也太守承迎敬也譙敬上下之節不可廢也尊乃欣請辟别駕舉茂才官至楊州刺史

費貽字奉君南安人也公孫述時漆身為厲佯狂辟世述破為合浦守蜀中歌之曰節義至人費奉君不仕亂世不辟惡君脩身於蜀紀名亦足後世為大族

任永字君業僰道人也長曆數王莽時託青盲公孫述時累徵不詣于溺井中死見而不言婬泆於前面而不恠述平乃曰世適平目即清妻自殺光武徵之

以年老不詣卒

杜撫字叔和資中人也（按後漢書作武陽人）少師事薛漢治五經教授門生千人太守王卿召為功曹司徒辟不及聞公免必往承問東平憲王為驃騎將軍辟西曹掾後罷為王師在驃騎府者遣之數年乃去數應三公徵撫侍送故公作詩通議說弟子南陽馮良亦以道學徵聘

趙松字君橋武陽人為童子數咨問費貽及知其避世容與周旋終不露之也述平舉茂才為上黨太守

張綱字文紀司空皓子也在漢朝公平廉正權宦側

目憚之漢安元年以光禄大夫持節與侍中杜喬循行州郡考察風俗出宫垣埋車先奏太尉栢爲司徒劉壽尸禄素飡不堪其職出城又奏司隷校尉趙峻河南尹梁不疑汝南太守梁乾等贓穢濁亂檻車送廷尉治罪天子以乾梁冀叔父貶秩免峻等又奏魯相冦儀儀自殺威風大行郡縣莫不肅懼還冀恨之出爲廣陵太守承叛亂後懷集撫卹甚有治化在官十年卒子續爲尚書續弟方爲豫州牧子孫數世至大官

朱遵字孝仲武陽人也公孫僭號遵爲犍爲郡功曹

領軍拒戰於六水門衆少不敵乃埋車輪絆馬必死
為述所殺光武嘉之追贈復漢將軍郡縣為立祠
趙敦字建侯武陽人也初為新都令德禮宣流三司
及大將軍梁冀累辟終不詣冀辟書不絕後冀自殺
使者監守不使人弔問敦獨往弔祭訖自拘有司天
子赦之
隗相字叔通僰道人也養母至孝母食欲江中正江
水相冬夏汲之一朝有橫石生正流中哀帝世察孝
廉平帝世為郎
吳順字叔和僰道人也事母至孝赤烏巢其門甘露

降其户察孝廉永昌太守

楊洪字季休武陽人也先主領牧為部屬從事及征漢中丞相亮表為蜀郡太守先主疾病永安召亮東行漢嘉太守黄元反後主從其討克元封關内侯後為中郎將越騎尉清公亮甚信任之

伍梁字德山南安人也儒學雅尚州選迎牧諸葛亮為功曹遷五官中郎將

費詩字公舉南安人也先主領牧為前部司馬群臣勸先主稱尊號詩上疏曰殿下以曹操父子逼主篡盜故乃羇旅萬里糾合士衆將以討賊今大敵未尅

而先自立恐人心疑惑昔高祖獲子嬰猶尚推讓況未出門便欲自立耶以是左遷部永昌從事建興三年從丞相亮南征魏將李鴻來降說魏新城太守孟達欲背魏向蜀亮方北向欲招達為外援欲與書詩進曰孟達小子昔事振威不忠後事先帝背叛反覆之人何足與書也亮嘿然詩終劉氏之世官位不盡其才君子以昭烈之弘曠武侯之明達詩吐直言猶用凌遲況庸主昏世奉意直言而望肆効者哉

楊義字文然武陽人也輔漢將軍張裔薦為丞相亮主簿大司馬蔣琬辟東曹掾歷二郡太守為射聲校

尉性簡略未曾以甘言加人酒後言笑多慢詞失大

將軍姜維意爲維所廢延熙十八年依季漢輔臣讚

在蜀書

張翼字伯恭文紀孫也以文武才幹歷征西鎮南大

將軍封亭侯延熙十八年與大將軍姜維西征大破

魏雍州刺史王經於狄道經衆死洮水者數萬人維

欲進翼諫不可必進無功時維屢出隴西翼常廷爭

以國小不宜黷武必爲蛇畫足不聽不得已每怏怏

從行景耀元年遷左車騎將軍領冀州刺史蜀平後

死

進武陽楊氏女大匠廣漢王堂長子博妻也博後母文有母儀之德進楊則其教為行閨門雍穆祥狥太守李禕家每不和歎恨徒冨貴學問不及博家也

陽姬武陽人也生自寒微父■坐事閉獄楊渙始為尚書郎告歸郡縣敬重之姬為處女乃邀道扣渙馬訟父罪言辭慷慨涕泣渙愍告郡縣為出其父因奇其才為子文方娉之結婚大族二弟得士宦遂世為宦門後文方為漢中太守以趙宣為賢將察孝廉函封未定病卒姬秘不發先遣孝廉上道乃發喪宣得進用姬之力也後文方兄子伯邳為司隸校尉時姬

長子頴伯冀州刺史仲子頻二千石伯邳以禀叔母
教迎在官舍每教邳政治伯邳郤舉茂材選有二人
伯邳欲用老者嫌以其耄欲舉五方而其年幼以咨
叔母勸舉方後趙宣為犍為五方為廣漢姬尚在故
吏之敬四時承問不絕

周度棘道人也相登妻十九登亡中年令吴厚因人
求之斷髮以誓志後人猶欲求之乃割其鼻養子早
亡其妻左亦年十九遂俱守義世感歎婦姑之真專
其節操也

曹敬姬南安人也周紀之妻十七出適十九紀亡遺

生子元餘服闋父毋以許孫賓詒毋病迎還知之自
投水人赴之氣已絶一日一夜乃蘇息送依紀第君
訓導元餘號為學士年九十卒
貞玦字瓊玉牛鞞程氏女張惟妻也十九適惟未朞
惟亡無子養兄子悦供養舅姑夙夜不怠資中王冲
欲娶玦玦叔父肱荅以女志不可奪冲為太守李嚴
督郵嚴記縣遣孝義掾奉羔鴈宣太守命聘之玦乃
自投水捄援不死後太守蘇高為立表太守蜀郡闕
遣仁恕掾論曰貞玦太守章陵劉威又為作頌故稱
述也

韓姜䓀人尹仲讓妻也二十讓亡服除資中董臺因從事王為表弟求姜不許臺門生左習王蘇以為姜可奪教姜家言毋病迎還韓氏因逼成婚姜聞故自殺太守巴郡龔楊哀之殺習蘇以報姜死

姬南安人武陽儀成妻也成死以巳年壯無子將葬乃預作殯殮具毒藥須夫棺入墓柎棺吞藥而死遂同葬縣以表郡郡言州州上尚書天子咨嗟下書每大赦賜家帛四疋蜀穀二石

趙媛姜資中趙𥁞道妻也建安五年道坐過夫婦閉獄子翔方年五歲姜謂道曰官有常刑君不得已矣

妾在後何益君門戶君可同翔亡命妾代君死可得
繼君宗廟道依違數日姜苦言勸之遂觧脫給衣糧
使去代為應對度走遠乃告吏殺之後遇赦父子得
還道雖仕官當世痛感終不更娶翔亦不仕耳
黄帛僰道人張貞妻也貞受易於韓子方去家三十
里舡覆死貞弟求喪經月不得帛乃自徃没處躬訪
不得遂自投水中大小驚睨積十四日持夫手浮出
時人為語曰符有先絡僰道張帛求其人天下無有
其偶縣長韓子冉嘉之召帛子為縣股肱

華陽國志卷第十中

華陽國志卷第十下

漢中士女

鄭子真褒中人也玄静守道履至德之行乃其人也教曰忠孝愛敬天下之至行也神中五徵帝王之要道也成帝元舅大將軍王鳳備禮聘之不應家谷口世號谷口子真亡漢中與立祠神中五徵未詳其義

衛衡字伯梁南鄭人也少師事隱士同郡樊季齊以高行聞郡九察孝廉公府州十辟公車三徵不應董扶任安從洛還過見之曰京師天下之市朝也足下猶之人耳何其在遠以虚名屢動徵書若至中國則

價盡矣衡笑曰時有險易道有汙隆若樊季齊楊仲
桓雖應徵聘何益於時乎苟無所則足軻栖栖是以
君平子真不屈其志其弓之徒也哉吾何虛假之有
安扶服之敬其言也

鄧先成固人也景帝時御史大夫晁錯患諸侯強大
建議減削會吳楚七國謀反假言誅錯故吳相袁盎
譖帝殺之拜盎太常使赦七國七國遂叛鄧公為謁
者入言軍事問曰七國聞晁錯死罷兵不對曰吳王
即山鑄錢煮海為鹽謀反積數十年錯患之故欲削
弱為萬世策諸侯憂之計畫始行身死東市諸侯莫

惲内杜忠臣之口外為諸侯報怨臣竊為陛下不取也帝歎息曰吾亦恨之武帝初為九卿

張騫成固人也為人強大有謀能涉遠為武帝開西域五十三國窮河源南至絶遠之國拜校尉從討匈奴有功遷衛尉博望侯於是廣漢縁邉之地通西南之塞豐絶遠之貨令帝無求不得無思不服至今方外開通騫之功也

張猛字子游騫孫也師事光禄勳周堪以光禄大夫給事中侍元帝帝當廟祭濟渭欲御樓船御史大夫薛廣德當車免冠乞頸血污車論陛下不得廟祭矣

帝不悅猛進曰主聖則臣直今乘舡危就橋安聖主不乘危故大夫言之帝曰曉人不當如是也後與周堪俱以忠正為幸臣弘恭石顯所譖毀作出牟徵堪平和猛卒自殺

楊王孫成固人也治黃老家累千金厚自奉養臨終告其子曰我死臝葬以復吾真但為布囊盛尸入地七尺既下從足脫之以身親土其子不忍見王孫友人祁侯諫之王孫曰厚葬無益死者也夫僤財送死今日入明日發此真無異暴骸中原畧以幣帛隔以棺槨哈以珠玉後腐朽乃得歸土不可故吾欲早就

真宅祁俟無以易卒躶葬如其言

李郃字孟節南鄭人也少明經術為郡候吏和帝遣使者二人微行至蜀宿郃候舍郃為出酒夜飲露坐郃問曰君来時寧知二使何日發来耶二人恠問之郃指星言曰有二使星入益部後一人為漢中太守命為功曹察孝廉遂馳名為尚書郎徒左丞稍遷至尚書僕射尚書令拜司空又進司徒清公直亮當世稱名順帝世薨

李固字子堅郃子也陽嘉三年以對策忠亢拜議郎大將軍梁商后父也表為從事中郎授荊州刺史值

州部有亂至州先友其賢者南陽鄭叔躬宋孝節零陵支宣雅表薦長沙桂陽太守趙歷卒已奏免江夏南郡太守孔疇高賜等州土自然安靜（按本傳固奏高賜等贓穢賜等懼罪厚賂梁冀仍徙固太山太守）徙太山太守克寧盜賊入為將作大匠多致海內名士南陽樊英江夏黃瓊廣漢楊厚會稽賀純光祿周舉侍中杜喬陳留楊倫河南尹存東平王惲陳國何臨清河房植等皆蒙徵聘轉大司農順帝崩太后臨朝拜太尉與后弟大將軍梁冀太傅趙峻並録尚書沖帝崩時徐楊有盜賊太后欲不發喪須召諸王至固爭不可言國家多難宜立長

君太后欲專權乃立樂安王爲質帝質帝崩太后復
與梁冀謀所立固與司徒南郡胡廣司空蜀郡趙戒
書與冀引周勃霍光立文宣以安漢之策閻鄧廢立
之禍言國統三絕期運厄會興崩之漸在斯一舉宜
求賢王親近不可寢嘿也冀得書召公卿列侯議所
立三公及鴻臚杜喬僉舉清河王蒜冀然之奏御太
后中常侍曹騰私恨蒜說冀明日更議廣戒從冀固
與喬必爭蒜宜立中興才也且年長識義必有厚將
軍冀不聽策免固喬歲餘取下獄以無事出之京師
市邑皆稱千萬歲冀惡其爲人所善更奏繫之固書

與二公曰吾欲扶持漢室使之比隆文宣何圖梁將軍迷謬諸子曲從以吉物為凶成事為敗漢家衰微從是始矣將軍亦有不利吾雖死上不慙於天下不愧於人求義得義死復何恨遂自殺二公得書歎息流涕士民咸哀哭之桓帝無道冀尋受誅漢家遂微政在閹官無不思固也

張亮則字元脩南鄭人也為牂牁太守威著南土永昌越嶲夷謀欲反畏則換臨其郡相諫而止號曰卧虎以戎狄勳遷護羌校尉徵拜扶風又換臨桂陽皆平盜賊巴郡板楯反拜隆集校尉鎮漢中徙梁州刺

史又為魏郡太守所在稱治靈帝崩後大將軍袁紹
表為長史不就丞相曹公拜度遼將軍
趙宣字子雅南鄭人也出自寒微以溫良博雅太守
犍為楊文方深器異之遂察孝廉官至犍為太守
趙瑶字元珪　琰字稚珪凡七兄弟宣子也皆以令
德著聞瑶少有公望瑶始為緱氏袁趙二公相與書
曰趙瑶在緱氏猛虎歸迹百里均耳叔平何難遷扶
風太守徙蜀郡司空張溫謂之曰昔第五伯魚徙蜀
郡為司空掃吾第以待足下矣瑶曰諾尋換廣漢卒
琰始為青州刺史部下清肅徙梁相徵拜尚書不就

卒

陳綱字仲卿成固人也少與同郡張宗受學南陽以母喪歸宗為安衆劉元所殺綱免喪往復之值元醉卧還須醒乃殺之自拘有司會赦免三府並辟舉茂才拜弘農太守初至有兄弟自相責引退是後無訟者在官九年卒天子痛惜賜家錢四十萬

李法字伯度南鄭人也桓帝時為侍中光禄大夫數表宦官大盛椒房大重史官記事無實録之才虛相褒述必為後笑帝怒免為庶人恬然以咎失為已責久之徵拜汝南太守遷司隷校尉湛然無自得之容

李燮字德公太尉固子也父死時二兄亦死燮為姊
所遣隨父門生王成亡命徐州傭酒家酒家知非常
人以女妻之延熹二年梁冀誅後月經陽道暈五車
史官上書昔有大星升漢而西捲舌楊芒迫月熒惑
犯帝座則有大臣枉誅星在西方太尉固應之今暈
如之宜有赦命錄其遺嗣以除此異於是下赦燮得
返舊四府並辟公車徵議郎與趙元珪潁川賈偉節
荀慈明張伯慎為友伯慎為潁川太守與慈明交相
言論偉節與焉京師以為臧否伯慎問趙元珪曰德
公所言何元珪曰無言也伯慎追嘆曰當如德公兒

葦徒靡沸耳慈明亦寤而心變拜東平相國王為黄
巾所沒得出天子復封之燓以為不可果敗還京兆
尹時人為之語曰李德公父不欲立帝子不欲立王
陳雅字伯臺成固人也靈帝時為諫大夫閹官用事
上疏曰昔孝和帝與中常侍鄭衆謀誅大將軍竇憲
由是宦官秉權安帝幼冲和熹太后兄大將軍鄧隲
輔政太后適崩中常侍江京等殺隲安帝登段黄門
孫程又殺車騎將軍閻顯孝桓帝又與中常侍單超
等共誅大將軍梁冀陛下即祚太傅陳蕃大將軍竇
武尚書令尹勲等欲誅宦官絶其奸擅盡忠王室建

萬世策機事不密爲中常侍朱瑀等所殺此卽陛下所見今宦官強盛威傾人主天下鉗口莫敢言者海內怨望妖異並作四方兵起萬姓辛苦陛下尚可以安泰後嗣何帝不省納出爲巴郡太守年七十五卒臨終戒其子曰期運推之天下將大亂雄夫力爭無以貨財爲意吾亡依山薄葬亡歲餘靈帝崩大將軍何進復爲黃門所殺海內果亂終成三國也

閻憲字孟度成固人也名知人爲綿竹令以禮讓爲化民莫敢犯男子杜成夜行得遺物一囊中布錦二十五疋求其主還之曰縣有明君何敢負其化童謠

歌曰閻尹賦政既明且昶去苛去碎動以禮讓遷蜀
郡民泣涕送之以千數
李歷字孝子太尉固從弟也少脩文學性行清白與
鄭康成陳元方齊名弱冠拜新城令朝請都督
程苞字元道南鄭人也光和二年上計吏時巴郡板
楯反軍旅數起征伐頻天子患之訪問益州計考以
方略苞對言板楯忠勇立功先漢為帝義民羌入漢
中輒蒙其力東征南戰世有功勞由不料卹以致叛
亂非有僭盜能相群殺兵臨之未必卒得不如但選
明能太守恩信懷服自然安定矣天子從之卒如其

言後在道卒

祝龜字元靈南鄭人也年十五遠學汝潁及太學通博蕩達能屬文太守張府君奇之曰吾見海内士多矣無如祝龜者也州牧劉焉辟之不得已行授葭萌長撰漢中耆舊傳以著述終

段崇字禮高南鄭人也太守河間鄭廑命為主簿永初四年凉州羌反溢入漢中從廑屯褒中虜東攻廑欲戰崇諫不可顧固壘待之廑不聽出戰敗績崇與門下吏王宗原展及子勃兄子伯生推鋒死戰衆寡不敵崇等皆死羌遂得廑殺之

程信字伯義南鄭人也時為功曹守居馳来赴難殯
殮麐喪送還鄉里訖乃結故吏冠蓋子弟二十五人
言共報羌各募敢死士以待時太守鄧成命信為五
官元初二年虜復来信等将其同志率先奮討大破
之信被八創死天子咨嗟元初五年下詔書賜信崇
家穀數千斛有王宗原展及嚴孳李容姜濟陳巳曹
麃勾矩劉旌九人皆以令義為鄭麐所命王宗原展
與麐同死孳容等七人與信共并命詔書既賜崇信
家又賜九子家穀各五百斛給死事
燕邠字元侯趙嵩字伯高南鄭人也陳調字元化仲

御孫也邠為刺史郤儉從事使在葭萌與從事董馥張徹同行儉為黄巾賊王饒趙播等所殺邠聞故哀慟説馥徹赴難二子不可邠難曰使君已死用生何為獨死之牧劉焉嘉之為圖象學官誅馥等蒿事太守蘇固固為米賊張脩所疾殺蒿痛之仗劒直入脩營殺十餘人幾獲脩死陳調少尚遊俠聞固死聚賓客百餘人攻脩大破之進攻脩營乃與戰以傷死又有陳術字申伯作耆舊傳者也失其行事歷新城魏興上庸三郡太守及錫光等不列也

穆姜安衆令程祗妻司隸校尉李法姊也祗前妻有

四子興敦覲豫穆姜生二子淮基袛亡興等憎惡姜
姜視之愈厚其資給六子以長幼為差衣服飲食凡
百如之久興等感寤自知失子道詣南鄭獄受不愛
親罪太守嘉之復除門戶常以二月八月社致肉三
十斤酒米各二斛六斗六子相化皆作令士五人州
郡察舉基字稚業特雋免為南郡太守
泰瑛南鄭楊相妻大鴻臚劉巨公女也有四男二女
相亡教訓六子動有法矩長子元珍出行醉母十日
不見之曰我在汝尚如此我亡何以帥郡弟子元珍
叩頭謝過次子仲珍白母請客既至無賢者母怒責

之仲珍乃革行交友賢人兄弟為名士泰瑛之教流
於三世四子才官隆於先人故時人為語曰三苗止
四珍復起
杜泰姬南鄭人趙宣妻也生七男七女若元珪稚珪
有望五人皆令德其教男也曰中人情性可上下也
在其檢耳若放而不檢則入惡也昔西門豹佩韋以
自寬宓子賤帶弦以自急故能改身之恒為天下名
士戒諸女及婦曰吾之妾身在乎正順及其生也恩
存於撫愛其長之也威儀以先後之體貌以左右之
恭敬以監臨之懃恪以勸之孝順以內之忠信以發

之是以皆成而無不善汝曹庶幾勿忘吾法也後七
子皆辟命察舉牧州守郡而漢中太守南鄭令多與
七子同歲季考上計無不脩敬泰姬執子孫禮
禮珪成固陳省妻也楊元珍之女生二男長娶張度
遼女惠英少娶荀氏皆貴家豪富從婢七八資財自
富禮珪勑二婦曰吾先姑母師也常言聖賢必勞民
者使之思善不勞則逸逸則不才吾家不為貧也所
以粗食給吾者使知苦難備獨居時二婦再拜奉教
從孫奉上徼慢珪抑絕之感悟華行遺亂流行宗表
欲見之必自嚴餝從子孫侍婢乃引見之曰此先姑

法也四時祭禮自親養牲釀酒曰天祭禮之尊也年八十九卒惠英亦有淑訓毋師之行者也

文姬南鄭趙伯英妻太尉李固女也父為梁冀所免兄憲公季公罷官歸文姬歎曰李氏滅矣乃與二兄議匿弟燮父門生王成亡命徐州涕泣送之謂成曰託君以六尺之孤若李氏得嗣君之名義參於程杵矣久之遇赦燮得還行喪服闋勑之曰先公為漢忠臣雖死之日猶生之年梁冀已族弟幸得濟豈非天乎慎勿有一言加梁氏加梁氏則連主上是又掇禍也奉行之徙成在徐州各異處傭賃而私相往来成

病亡爕四時祭之
陳順謙成固人也順謙適鄧令曹寧十九寡居長育
遺孤八十餘卒兄弟陳絸著書歎述之惠謙適張亮
則在扶風官下吏白欲重禁嚴防以肅非元脩訪於
惠謙惠謙曰愜弘德教養廉免恥五刑三千蓋亦多
矣又何加也兄弟伯思學仙道惠謙戒之曰君子疾
没世名不稱不忠年不長也且夫神仙愚惑如繫風
捕影非可得也伯思乃止陳伯臺稱云女尚書之後
耳
禮脩趙嵩妻張氏女也姑酷惡無道遇之不以禮脩

終無愠色及寧父母父母問之但引咎不道姑卒感寤更慈愛之鄉人相訓曰作婦不當如趙伯高婦乎使惡姑知變可謂婦師矣後姑病女来省疾姑却之曰我以困當絶于賢婦手中後遣米賊萬死乃碧塗面亂首懷刀託言病賊不逼也養遺生女依父叔立義終身者也

韓樹南南鄭人趙子賤妻也子賤初為郡功曹李固之誅詔書下郡殺固二子憲公季公太守知其枉遇之甚寛二子託服藥死具棺器欲因出逃子賤畏法勑吏驗實就殺之及固小子燮得還子賤慮燮報仇

債人刺之變覺告郡殺子賤初樹南諫子賤子賤不
從及臨死許共并命兄弟婢侍婢視守之經百餘日
乃急白兄婢念一死萬不得生不敢復圖死也上下
以為信然無幾時於幕下自殺

梓潼人士

文齊字子奇梓潼人也孝平帝末以城門校尉為犍
為屬國遷益州太守造開稻田民咸賴之公孫述時
拒郡不服述拘其妻子許之公侯招之不應乃遣使
由交趾貢獻河北述平世祖嘉之徵拜鎮遠將軍封
成義侯南中咸為立祠子忳有令德為北海太守

李業字巨遊梓潼人也少執志清白太守劉咸慕其名召為功曹不詣咸怒欲殺之業徑入獄咸釋之公孫述累聘不應述怒遣鴻臚尹融持毒藥酒逼之業笑曰名不可毀身可殺不可辱也遂飲藥死述恥殺名士賜錢百萬子暈逃匿不受建武中察孝廉為遂久令

景毅字文堅梓潼人也太守丁羽察舉孝廉司徒舉治劇為沇陽侯相高陵令立文學以禮讓化民遷太守上封吏守關請之三年不絕以子顧師事少府李膺膺誅自免久之拜成都令遷益州太守上封吏民

涕泣送之至沮者七百人白水縣者三百人值益州亂後米斗千錢毅至恩化暢洽比去米斗八錢鳩鳥巢其廳孕育而去三府表薦徵拜議郎自免歸州牧劉焉表拜都尉為人廉正疾淫祠勑子孫惟脩善為禱仁義為福年八十一而卒

楊充字盛國梓潼人也少好學求師遂業受古學於扶風馬季長呂叔公南陽朱明叔潁川白仲職精究七經其朋友則潁川荀慈明李元禮京兆羅叔景漢陽孫子夏山陽王叔茂皆海內名士還以教授州里常言圖緯空說去事希略疑非聖不以為教察孝廉

為郎卒
景鸞字漢伯梓潼人也少與廣漢郝伯宗蜀郡任叔本潁川李仲渤海孟元叔遊學七州遂明經術還乃撰禮略河洛交集風角雜書月令章句凡五十餘萬言太守■既命為功曹察孝廉舉有道博士徵不詣然上陳時政言經得失又戒子孫人紀之禮及遺令期死葬不設衣衿務在節儉甚有法度卒終布衣
張壽字伯僖涪人也少給縣丞楊放家放為梁賊所得壽求之積六十始知其生存乃賣家鹽井得三十萬市馬五匹往贖放道為羌所劫掠盡凡往三年計

道遠不可得數乃單身詣虜涕泣自說虜哀其屢来
遣放隨還郡召為中侯詔書除巫尉以身佩印盡讓
所有財物與三弟復為郡掾章平賦役歲出三百五
十萬遷功曹吏徙五官掾卒

李餘涪人父早世兄夷殺人亡命母慎當死餘年十
三問人曰兄弟相代能免母不人曰趣得一人耳餘
乃詣吏乞代母死吏以餘年小不許餘因自死吏以
白令令哀傷言郡郡上尚書天子與以財葬圖畫府
廷

寇祺字宰朝梓潼人也與邑子侯蔓俱學涼州蔓後

為渤海王象所殺祺杖劒至象家值象病象謝曰君
子不掩人無備安有為友報讐殺病人也祺乃還久
之復往殺象由是察孝廉為灞陵令濟陰相　王晏
字叔博涪人也與廣漢張昌寧叔受業大學昌為河
南呂條所殺晏叔殺條事在叔解
李助字翁君涪人也通名方校醫術作經方頌說名
齊郭玉　以上多闕文
李仁字德賢涪人也益部多貴今文而不崇章句仁
知其不博乃游學荊州從司馬德操宋仲子受古學
以脩文自終

杜微字國輔涪人也任安弟子先主定蜀常稱聾閉門不出建興二年丞相亮領州牧選為主簿輿而致之亮引見與書誘勸欲使以德輔時微固辭疾篤亮表拜諫議大夫從其所志

尹默字思潛涪人也少與李仁俱受學司馬徽宋忠等博通五經專精左氏春秋自劉歆條例鄭衆賈逵父子陳元方服虔注說略皆誦述希復案本以左傳授後主後主立拜諫議大夫丞相軍祭酒子宗亦為博士耳

李譔字欽仲仁子也少受父業又講問尹默自五經

四部百家諸子伎藝筭計卜數醫術弓弩機械之巧皆致思焉為太子中庶子右中郎將著古文周易尚書毛詩三禮左氏注解太玄指依則賈馬異於鄭玄與王肅初不相見而意歸多同

李福字孫德涪人也先主初為成都令建興九年遷巳西太守後為江州都督陽武將軍入為尚書僕射封平陽亭侯延熈初以前監軍司馬福同郡梓潼文恭仲寶亦以才幹為牧亮治中從事丞相叅軍

季姜梓潼文氏女將作大匠廣漢王敬伯夫人也少讀詩禮敬伯前夫人有子愽女紀流二人季姜生康

稚芝女始示允前後八子撫育恩愛親繼若一堂祖母性嚴子孫雖見官二千石猶杖之婦跪受罰於堂歷五郡祖母隨之官後以年老不願遠鄉里姜亦常侍養左右紀流出適分已侍婢給之博好寫書姜手為作袠於是內門相化動行推讓博妻犍為楊進及博子遵婦蜀郡張叔紀服姑之教皆有賢訓號之三母堂亡義勑康稚芝婦事楊進如舅姑中外則之皆成令德季姜年八十一卒四男棄官行服四女亦從官舍交赴內外官冕百有餘人當時榮之王氏遂世興

杜慈涪杜季女巴郡虞顯妻也十八適顯顯亡無子季欲改嫁與同縣楊上慈曰受命虞氏虞氏早亡妾之不幸當生事賢姑死就養成室存亡等但欲在終供養亡不有恨願不易圖季如不可告而奪也乃容謀與強逼迫之慈縊而死

敬楊涪郭孟妻楊文之女也始生失母八歲父為▇盛所殺無宗親依外祖鄭行年十七適孟孟與盛有舊盛數往来孟家敬楊涕泣謂孟曰盛凶惡薄命為女非男比但惡讐未報未甞一日亡也雖婦人拘制然父子恩深恐卒狂惑盃君患禍君宜竦之孟以告

盛盛不納安漢元年盛至孟家敬楊以大杖打殺盛
将自殺孟止之與俱逃涪令雙勝出追聞其故而止
安尉二門會赦得免中平四年涪令向遵為立圖表
之
譔曰二州人士自漢及魏二百四十八人而已一百九十
士人士五十一人女後賢二十人合二百六十八人以示来世
之君子焉如其遺脱及後世可書者顧貽後雋又春
秋穀梁傳首叙曰成帝時議立三傳博士巴郡胥君
安獨駁左傳不祖聖人後漢時魏郡太守王牧薦尹
方為三公天子詔尚書郎蜀郡張俊槃之然不詳其

行事

譔曰二州人士自漢及魏可謂衆矣何者世宗多士則相如鱗遊伯司鳳翔洛下雲翳叔文龍驤在孝宣則王褒蔚炳中和作詠屬文廿泉範為世鏡在元成則君公謇謇心思國病憲經劉危直忤王聽其高者則嚴君味道易俗移風仲元端委居為人宗若夫秉心塞淵與物盈冲則楊子雲也名重泰山華夏仰崇則鄭子真也不屈其身志高青雲則譙玄也不耻惡君混道推運則楊宣也降及建武明章以來出者則能内貫朝揆外播五教賛和鼎味經綸治要上荅太

階下允民照處者則利居盤桓皓然玄蹈天爵翫之
人爵則咲懸車門肆夷惠齊紹若斯之倫海内服其
英名洙泗方其煥耀矣故曰漢徵八士蜀出其四又
曰漢具四義蜀選其二可謂不衆乎然巴郡胥君安
以儒學典雅稱於孝成蜀郡張俊榮閭尹方不出五
經常議犍爲吕孟有託孤之節若兹之類郡邑徃徃
垂象刋銘見有苗裔璩晚生長亂故老以沒莫所咨
質不詳其事但依漢書國志陳君所載凡士女二百
四十八人而已後賢二十人合二百六十八人以示
来世之好事者如能詳其遺脱及有可書願附于左

其傳志父祖子孫及有名先事者皆依此不列讚例
人士亦不列別為目錄至晉元康末凡三百九十二
人也

華陽國志卷第十下

華陽國志卷第十一

後賢志

闡之善志者述而不作序事者實而不華是以史遷之記詳於秦漢班生之書備乎哀平皆以世及事邇可得而言也西州自奉聖晉後俊瑋倜儻之士或脩德讓行止從時或播功立事羽儀上京策勳王府甄名史錄侔於先賢會遇喪亂軌遘華夏顛墜典籍多缺族祖武平府君愍其若斯乃操簡援翰拾其遺闕然但言三蜀巴漢未列又務在舉善不必珎異撰之耆舊竹素宜闡今更撰次損益足銘後觀凡二十人

綴之斯篇雖行故墜没大較舉其一隅

衛尉散騎常侍文立廣休

散騎穆穆誠感聖君

西河太守栁隱休然

西河烈烈秉義居真

漢嘉太守司馬勝之興先

漢嘉克讓謙德之倫

郪令州主簿常勗脩業

郪君謇諤自固底身

江陽太守何隨季業

江陽皎皎命世清淳

梓潼太守王化伯遠

梓潼矜矜在險能平

太子中庶子陳壽承祚

庶子稽古遷固並聲

漢中太守李宓令伯

漢中韙曄才蓋羣生

犍為太守杜軫超宗

犍為卬卬友于寔令

給事中任熙伯遠

給事溫恭尚德蕤榮

中書郎王長文德隽

中書淵識實道韜明

大長秋壽良文淑

長秋忠肅明允篤誠

大司農西城公何攀惠興

司農運籌思倅良平

少府成都威侯李毅允剛

少府果壯文武是経

衡陽内史楊邠岐之

衡陽固節隱然不傾

尚書三州都費立建熈

尚書準繩古之遺直

湘東太守常騫季慎

湘東汜愛仁以接物

武平太守常寬泰恭

武平亹亹氷清玉䂪

揚烈將軍梓潼內史譙登慎明

江陽太守侯馥世明

文立字廣休巴郡臨江人也少遊蜀太學治毛詩三
禮兼通群書州刺史費禕命為從事入為尚書郎復
辟禕太將軍東曹掾稍遷尚書蜀并于魏梁州建首
爲別駕從事咸熈元年舉秀才除郎中晉武帝方欲
懐納梁益引致雋彥泰始二年拜立濟陰太守武帝
立太子以司徒李胤為太傅齊王驃騎為少傅選立
為中庶子立上疏曰伏惟皇太子春秋美茂盛德日
新始建幼志誕陟大繇猶朝日初暉良寶耀璞侍從
之臣宜簡俊乂妙選賢彥使視觀則覿禮容棣棣之

則聽納當受嘉話駭耳之言靜應道軌動有所采佐清初陽緝熈天光其任至重聖王詳擇誠非糞朽能可堪任臣聞之人臣之道量力受命其所不諧得以誠聞帝報曰古人稱與田蘇遊非舊德乎立上故蜀大官及盡忠死事者子孫雖仕郡國或有不才同之齊民為劇又上諸葛亮蔣琬費禕等子孫流徙中畿宜見叙用一則以慰巴蜀民之心其次傾東吳士人之望事皆施行十年詔曰太子中庶子立忠貞清實有思理器幹前在濟陰政事修明後事東宮盡輔導之節昔光武平隴蜀皆收其才秀所以援濟殊方伸

敘幽滯也其以立為散騎常侍累辭不許上疏曰臣子之心願從疏以求昵凡在人情貪從幽以致明斯實物性賢愚所同臣者何人能無此懷誠自審量邉荒遺燼犬馬老甚非左右機納之器臣雖至愚處之何顏詔曰帝伯之職簡才而授何謙虛也立自內侍獻可替否多所補納甄致二州人士銓衡平當為士彥所宗故蜀尚書犍為程瓊雅有德望素與立至厚武帝聞其名以問立立對曰臣至知其人但年垂八十禀性謙退無復當時之望不以上聞耳瓊聞之曰廣休可謂不黨矣故吾善夫人也西界獻馬帝問立

馬何如對曰乞問太僕帝每善其恭慎遷衛尉猶兼
都職中朝服其賢雅爲時名卿連上表年老乞求解
簪還桑梓帝不聽咸寧末卒帝緣立有懷舊性乃送
葬于蜀使者護喪事郡縣修墳塋當時榮之初安樂
思世子早沒次子宜嗣而思公立所愛者立亟諫之
不納及愛子立驕暴二州人士皆欲表廢立止之曰
彼自暴其一門不及百姓當以先公故得爾也後安
樂公淫亂無道何攀與上庸太守王崇涪陵太守張
寅爲書諫責稱當思立言凡立章奏集爲十篇詩賦
論頌亦數十篇同郡毛楚楊崇皆有美德楚牂柯守

崇武陵太守

柳隱字休然蜀郡成都人也少與同郡杜植柳伸並知名隱直誠篤亮交友居厚達於從政數從大將軍姜維征伐臨事設計當敵陷陣勇畧冠軍為牙門將巴郡太守騎都尉遷漢中黃金圍督景耀六年魏鎮西將軍鍾會伐蜀入漢川圍戍多下惟隱堅壁不動會別將攻之不能克後主既降以手令勅隱乃詣會晉文帝聞而義之咸熙元年內移河東拜議郎武帝踐祚以為西河太守在官三年以年老去官乞骸還蜀卒於家時年八十長子充連道令次子初舉秀才

杜禎字文然　柳伸字雅厚州牧諸葛亮辟為從事
禎符節令梁益二州都督伸度支禎子聆字伯重略
陽護軍仲漢嘉巴東太守大同後並舉秀才聆子彌
字景文伸子純字偉淑有名德幹器舉秀才巴郡宜
都建平太守西夷長水校尉巴東監軍
司馬勝之字興先廣漢綿竹人也學通毛詩治三禮
清尚虛素性澹不榮利初為郡功曹甚善綱紀之體
州辟從事進尚書左選郎從秘書郎時蜀國州書佐
望與郡功曹參選而從事倅臺郎時重察舉雖位經
朝要還為秀孝亦為郡端右　景耀末郡請察孝廉

大同後梁州辟別駕從事舉秀才歷廣都新繁令政
理尤異以清秀徵為散騎侍郎以宗室禮之終以疾
辭去職即家拜漢嘉太守候迎盈門固讓不之官閑
居清靜謙卑自牧常言世人不務求道德而汲汲於
爵禄若吾者可少以為有餘榮矣訓化鄉閭以恭敬
為先年六十五卒於家子尊賢佐皆有令德

常勗字脩業蜀郡江原人也祖父員牂柯永昌太守
父高廟令從父閎漢中廣漢太守勗少與閎子忌齊
名安貧樂道志篤墳典治毛詩尚書涉治群籍多所
通覽州命辟從事入為光禄郎中主事入為尚書左

選郎郡請迎爲功曹時州將董軍政置從事職典刑獄以勗清亮復為督軍治訟平當還察孝廉除郫令為政簡而不煩魏征西將軍鄧艾伐蜀破諸葛瞻於綿竹威振西土諸縣長吏或望風降下或委官奔走勗獨率吏民固城拒守後主檄令乃詣艾故郫穀帛全完刺史袁郃嘉勗志節辟為主簿勗善儀容翔集動為表觀言論壯烈州里重之然交友惟賢不交下已者汎愛之恩猶不足卲征還道卒　忌字茂通蜀謁者黃門侍郎喪親以致孝聞察孝廉為郎使吳稱職歷長水參軍什邡雒令大同後刺史郤坐治城被

征忌詣洛陳訴遠國初附君民始結不宜改易又表
脩治城池居安思危邊將常職事皆中情晉文帝時
為相國辟忌舍人武帝踐祚拜騎都尉除河内令州
名為難治忌挫折豪勢風教大行縣有姦嫂殺兄者
群黨蔽匿前令莫得忌皆窮治入為州都方議為郡
守會卒忌為人信道任數不從下人故為貴勢所不
善是以作詩著論先攻已短臨喪與樂歡哀俱至為
士類所稱忌友人廣漢段宗仲亦有學行蜀時官與
忌比袁邵為主簿與忌共理郡事文帝善之梁州辟
别駕從事舉秀才稍遷官至雲南建寧太守

何隨字季業蜀郡郫人也漢司空武後世有名德徵
聘入官隨治韓詩歐陽尚書研精文緯通星曆郡命
功曹州辟從事光禄郎中主事除安漢令蜀亡去官
時巴土饑荒所在無穀送吏行乏輒取道側民芋隨
以綿繫其處使足所取直民視芋見綿相語曰聞何
安漢清廉行過從者無糧必能爾耳持綿追還之終
不受因為語曰安漢吏取糧令為之償察孝廉大同
後臺召不詣除河間王郎中令不就居貧固儉衣弊
蔬食晝躬耕耨夕脩講諷鄉族饋及禮厚皆不納月
不視色口不語利著譚言十篇論道德仁讓常有屠

牽猪過随門猪索斷失之強認溷中猪随便牽猪與之屠人出門尋得其所亡猪謝随還猪遂以包之有家養竹園人盗其笋随遇行見之恐盗者覺怖走竹中傷其手足挈屐徐步而歸其仁如此太康中即家拜江陽太守民思其政年七十一卒官後州鄉人言議平當者皆相謂何江陽至于汶山夷有正直廉讓者亦號夷中何江陽杜景文何興仁皆為作傳長子觀字巨忠清公淑慎知名州里察孝廉西都南安令平西長史張昌作亂荆州從黨西上郡守無不望風降下至江陽平西将軍羅尚表為安遠護軍討賊

平殄除巴郡太守朝議欲以為寧州刺史會病卒次子遊治中從事隨時同郡繁令張崇清廉推讓見稱當時

王化字伯遠廣漢郪人也漢將作大匠王堂後也祖父商字文表州牧劉璋時為蜀太守有懿德高名在耆舊傳父彭字仲■巴郡太守化兄弟四人少有令望化治毛詩三禮春秋公羊傳郡命功曹州辟從事光祿郎中主事尚書郎除閬中令為政清靜察孝廉大同後復端右郡察孝廉為樂涫令按晉書樂涫縣名屬酒泉郡縣近邊塞值胡虜反化率吏民積穀堅守虜斷道重

圍孤絶七年伺虜怠惰出軍討之民得野掠大軍至虜退以功封關内侯遷朱提太守撫和殊俗得夷肆懽心轉在梓潼復有稱績為人謹重言論方雅臧否允衷州里服其誠亮年七十二卒官弟振字仲遠亦有德望廣都令巴東太守叔弟岱字季遠恪居官次歷廣陽作唐令早亡少弟崇字幼遠學業淵博雅性洪粹蜀時東觀郎大同後梁州辟别駕别舉秀才尚書郎與壽良李宓陳壽李驤杜烈同入京洛為二州標雋乃五子情好未必能終惟崇獨以寬和無所彼此著蜀書及詩賦之屬數十篇其書與陳壽頗不同官

至上庸蜀郡大守

陳壽字承祚巴西安漢人也少受學於散騎常侍譙周治尚書三傳銳精史漢聰警敏識屬文富豔初應州命衛將軍主簿東觀秘書郎散騎黄門侍郎大同後察孝廉為本郡中正益部自建武後蜀郡鄭伯邑太尉趙彦信及漢中陳申伯祝元靈廣漢王文表皆以博學洽聞作巴蜀耆舊傳壽以為不足經遠乃并巴漢撰為益部耆舊傳十篇散騎常侍文立表呈其傳武帝善之再為著作郎吳平後壽乃鳩合三國史著魏吳蜀三書六十五篇號三國志又著古國志五

十篇品藻典雅中書監荀勗令張華深愛之以班固
史遷不足方也出為平陽侯相華又表令次定諸葛
亮故事集為二十四篇時壽良亦集故頗不同復入
為著作鎮南将軍杜預表為散騎侍郎詔曰作適用
蜀人壽良具員且可以為侍御史上官司論七篇依
據典故議所因華又上釋諱廣國論華表令兼中書
郎而壽魏志有失勗意勗不欲其處内表為長廣太
守繼母遺令不附葬以是見譏數歲除太子中庶子
太子傳從後再兼散騎常侍惠帝謂司空張華曰壽
才宜真不足乆兼也華表欲登九卿會受誅忠賢排

擿壽遂卒洛下位望不充其才當時寃之　兄子符
字長仕亦有文才繼壽著作佐郎上無令符弟蒞字
叔度梁州别駕驃騎將軍齊王辟掾卒洛下　蒞從
弟階字達之州主簿察孝廉褒中令永昌西部都尉
建寧興古太守階辭章燦麗馳名當世凡壽所述作
二百餘篇符蒞階各數十篇二州先達及華夏文士
多為作傳大較如此時梓潼李驤叔龍亦雋逸器知
名當世舉秀才尚書郎拜建平太守以疾辭不就意
在州里除廣漢太守初與壽齊望又相昵友後與壽
情好攜隙還相誣攻有識以是短之亦自别傳

李宓字令伯犍為武陽人也祖父光朱提太守父早亡母何更行見養祖母治春秋左傳博覽五經多所通涉機警辯捷辭義響起事祖母以孝聞其侍疾則泣涕側息日夜不解帶饍飲湯藥必過目嘗口本郡禮命不應州辟從事尚書郎大將軍主簿太子洗馬奉使聘吳吳主問蜀馬多少對曰官用有餘民間自足吳主與群臣汎論道義謂寧為人弟宓曰願為仁兄吳主及群臣稱之大同後征西將軍鄧艾聞其名請為主簿及書招欲與相見皆不往以祖母年老心在色養拒州郡之命獨講學立旌授生武帝立太子

徵為洗馬詔書累下郡縣相逼寔上疏（疏在本傳）武帝覽之曰寔不空有名也嘉其誠款賜奴婢二人下郡縣供其祖母奉膳徙尚書郎河內溫令敷德陳教政化嚴明太傅鉅平侯羊公薨無子帝令宗子為世子嗣之不時赴喪寔遣戶曹齎移推轂遣之中山諸王每過溫縣必責求供給吏民患之寔至中山王過縣徵芻茭薪蒸寔引高祖過沛賓老幼桑梓之供一無煩費伏惟明王孝思惟則動識先戒本國望風式歌且舞誅求煩碎所未聞命後諸王過不敢煩溫縣盜賊發河內餘縣不敢近溫追賊者不敢經界隴西王司

馬子舒深敬友之而貴家憚其公直宓去官為州大中正性方亮不曲意勢位者失荀張指左遷漢中太守諸王多以為冤一年去官年六十四卒著述理論論中和仁義儒學道化之士凡十篇安東將軍胡羆與皇甫士安深善之又與士安論夷齊及司馬文中杜超宗郄令先文廣休等議論往返言經訓詁衆人服其理趣釋河内趙子聲誄詩賦之屬二十餘篇壽良李驤與陳承祚相長短宓公議其得失而切責之常言吾獨立於世顧影為儔而不懼者心無彼此於人也故宓六子皆英挺秀逸號曰六龍　長子賜字

宗碩州別駕舉秀才汶山太守少與東海王司馬元
超友昵每書詩徃返雅有新聲少子輿字雋碩太傅
參軍幼子盛碩寧浦太守　宓同時蜀郡高玩字伯
珍少受學於太常杜瓊術藝微妙博聞強識清尚簡
素少與宓齊名官位相比大同後察孝廉除曲陽令
單車之縣移檄縣綱紀不使遣迎以明三材徵為太
史令送者亦不出界朝廷稱之方論大用會卒
杜軫字超宗蜀郡成都人也父雄字伯休安漢雒令
軫少師譙周發明高經於譙氏之門郡命為功曹鄧
艾既破蜀被徵鍾會進成都時太守南陽張府君不

肯出官軨進曰征西因執鎮西在近必有所遣軍亂之際交害無常宜避正殿府君即出住下舍會果遣叅軍牽弘為太守數百騎擐甲馳馬入郡前臨問侯所在云已出善之（按本傳弘問軨所在軨正色對曰前守達去就之機郡自出官舍以侯君子弘器之）弘復召為功曹察孝廉除建寧令徙任山陽新城池陽所在有治入為尚書郎每升降趋翔廊閣之下威容可觀中朝偉之遷犍為太守惠愛在民還為州大中正軨既才學兼該而器量倜儻武帝雅識之方用内侍會卒時年五十八　弟烈字仲武貞幹敏識平坦和粹名譽侔軨察孝廉歷平康牛鞞南鄭

安陽令王國建首選為郎中令遷衡陽太守兄軫喪自上求去官以兄子幼弱軫喪飄颻欲扶將靈柩葬舊墳武帝歎惜軫能用未盡而嘉烈弟意轉拜從官犍為太守又轉湘東　少弟良字幼論亦有當世局分舉秀才茶陵新都令國王郎中令遷涪陵建寧太守兄弟並興利里以為美譚　軫二子長子玭字長基少子秀字彥穎珪璋琬琰世號二鳳玭舉秀才大將軍辟掾太傅參軍平東長史尚書郎稍遷鎮南軍司益州刺史主簿早卒

任熙字伯遠蜀郡成都人也漢大司農任昉後也世

有德彦父元字秀明犍為太守執金吾㷀治毛詩京易博通五經事親至孝居喪毀瘠為州郷所稱察孝廉除南鄭令以病去官復授南鄭不就轉梓潼令為政清淨辭疾告歸勤農力穡居室致給循訓閨門内則可法博愛以謙恭接物開門待賓傾懷下士客無長幼必有供饍清談遊講不妄失言祗慎著聞太康中除越巂護軍非其雅好不往徵給事中㷀以侍臣日月左右賛暉楊光不可茍私終以疾辭而蜀郡令毎至官為之脩謁歳致羊酒即家拜朱提太守固讓不之官好述作詩誄論難皆爍豔年六十九卒於家

子蕃字憲祖察孝廉新都令西夷司馬涪陵太守蕃
子虒字叔孤少與巴西龔壯俱知名而學業優之早
殁熈同時犍為楊彭敬宗弟遠訓宗各以德行稱同
察孝廉彭比蘇令甘露降其縣遠滇池令殊俗懷其
德
王長文字德儁（按本傳字德叡）廣漢郪人也父顒字伯元犍
為太守長文天姿聰警高暢敏識治五經博綜群籍
弱冠州三辟書佐丁時衰亂託疾歸家大同後郡功
曹察孝廉不就遂陽愚嘗着絳衣絳帽牽豬過市中
乞人與語偽不聞常騎牛周旋郡守至詣門脩敬至

問走出請終不還刺史淮南胡羆辟從事祭酒卧在治羆出板舉秀才長文陽發狂疾步擔走出門羆累遣教請還終不顧還家養母獨講學著無名子十二篇依則論語又著通經四篇亦有卦名擬易玄以為春秋三傳傳經不同每生訟議乃據經摭傳著春秋三傳十二篇又撰約禮記除煩舉要凡十篇皆行於時長文才鑒清妙沉愛廣納放蕩闊達不以細宜廉分為意亦不好臧否人物故時人愛而敬之以母欲禄養咸寧中領蜀郡太守郫有孝子羅偶事親至孝二親將亡時病不能食肉終身不食肉郡察孝廉長

文追為立表以旌之宰府辟三司及撫軍大將軍王
濬累辟不詣濬薨以故州將軍吊祭元康初試守江
原令縣收得盜賊長文引見誘慰時適臘晦皆遣歸
家獄先有繫囚亦遣之謂曰教化不厚使汝等如此
長吏之過也蜡節慶賞宜就汝歸上下善相懽樂過
節來還當為思他理群吏惶遽爭請不許尋有赦令
無不感恩所宥人輟不為惡曰不敢負王君將喪去
官民思其政大將軍梁王彤及諸府並辟長文曰吾
從其先命者遂應彤招為從事中書郎諸王公卿慕
其名咸與之交賈氏之誅從彤有功封關內侯再為

中書郎愍懷太子死於許下博士中書論虞祔之禮長文議虞祭宜還東宮以繼太子者為主配食於顯川府君皆施行除洛陽令長文見彤曰主者不庶幾奏長文為洛陽令彤笑答曰卿乃不庶幾非主者也固辭不拜聞益州亂以通經簭得老蠶緣枯桑之卦歎曰桑無葉蠶以卒也吾蜀人殄於是矣拜蜀郡太守暴疾卒時年六十四長文時人蜀郡栁笠任輿亦博學著聞俱為州別駕笠在右職公亮蹇蹇刺史盛怒欲殺人群下請不聽笠乃懷縛徑入頓凡上乃極陳其刑理刺史從謝還縛 闕 皆早亡

壽良字文淑蜀郡成都人也父祖三世犍為太守良
少與犍為張徵費緝並知名治春秋三傳貫通五經
澡身貞素州從事散騎黃門侍郎大同郡主簿上計
吏察孝廉不就州辟主簿治中別駕舉才行刺史皇
甫晏貢之三司遂辟太宰除霸城令始平太守治政
著稱從扶風轉秦國內史文立卒後温令李宓表武
帝言二州人士零頹才彥淩遲無復廁豫綱紀後進
慰寧遐外者良公朝英特二州之望宜見超子紹繼
立後帝徵為黃門侍郎兼二州都給事中梁州刺史
遷散騎常侍大長秋卒葬洛北邙山　徵字建興張

翼子也篤志好學官至廣漢太守　緝字文平清撿
有治幹舉秀才歷城令涪陵太守遷譙内史
何攀字惠興蜀郡郫人漢司空沇鄉侯武弟潁川太
守顯後也父包字休楊察舉秀孝皆不行除瑯琊王
中尉不就攀兄弟五人皆知名攀少夙成奇姿卓逸
弱冠郡主簿上計吏州辟從事刺史皇甫晏稱攀王
佐才也以為主簿泰始十年養母歸家晏為牙門張
弘等所害攀操表徑詣洛訟釋事得清刺史王濬復
辟主簿別駕咸寧三年濬被詔罷屯田兵作舡為伐
呉計攀進曰今見佃兵但六百人計作舡六七年才

可勝萬人後者未成前者已腐無以輔成國意宜輙召四守休兵及諸武吏并萬餘人造作歳終可辦濬疑輙召萬兵欲先上須報攀曰官家雖欲伐吳疑者尚多卒聞召萬兵必不見聽以佃兵作舡舡不時成當輙召以速為機設當見却功夫已成勢不得止濬善之議欲入山裁舡動數百里艱難攀曰今冢墓多種松栢當什四市取以速為機濬悦之任攀典舟舡器仗冬遣攀使洛攀曰聖人之功可成使人信之不可必也夫高祖之大略猶未察於韓信婁敬因蕭何子房而後用之今進非常之功或莫之信羊公使君

同盟國家所重加曩曰失策江陵思有鳳駕宜與相聞此一助也濬曰何但羊叔子亦宋元亮為優君至洛官家未有舉意便前至襄陽與羊宋論之攀既至洛拜表獻策因至荊州與刺史宋庭論宋未許乃見羊祜累日共畫用兵之要攀曰若令循清海以趣京口壽春楊州直指秣陵兗豫踰海並據桑浦則武昌以東會稽以西騷然駭矣荊州平南徑造夏口巴東諸軍固守西陵益梁之衆身浮江東下封樂鄉要巴丘則武陵零桂長沙湘東從風而靡矣但明信賞首尾俱會旌旗耀天四面雲合乘勝席卷傳檄南極吳

會不盡平者未之有也羊祜大悅遂表請伐吳尋徵濬大司農至晉壽詔以濬為龍驤將軍除攀郎中參濬軍事攀頻奉使詣洛時未婚司空裴公奇其才以女妻之五年秋攀使在洛安東將軍王渾表孫皓欲北上邊戍警戒朝議征伐必須六年攀上疏策皓必不敢出宜因今戒嚴掩取甚易中書令張華命宿下舍設諸難攀皆通之又濬性在忠烈受命必果宜重其位號詔書遷濬平東將軍督二州事吳平封關內侯濬入拜輔國攀為司馬上論時務五篇除滎陽令進廷尉評有盜開城門下關者法據大辟攀駁之曰

上閤執信之主下閤儲備之物設有開上閤何以加
刑遂減死多所議讞遷散騎侍郎太傅楊駿謀逆請
衆官攀與侍中傳祗侍郎王愷等往惠帝從楚王瑋
殿中中郎孟觀策戒嚴誅駿駿外已匆匆攀與祗踰
墻得出侍天子天子以為翊軍校尉領熊渠兵一戰
斬駿社稷用安封西城公邑萬户策曰於戲在昔先
王光濟厥世罔不開國列土建德表功也故逆臣楊
駿謀危社稷構兵飛矢集于殿庭白刃交於宫闈攀
受命奮討凶逆速殄忠烈果毅朕甚嘉焉今以魏興
之西城為攀封國錫玆玄社苴以白茅永為晉藩輔

徃欽哉敬乃有土惠康黎元無或以隳爾顯烈又賞
絹萬疋攀固辭受五千疋又賜拜弟逢平鄉侯兄子
夔關內侯遷宣闕內史不就轉東羌校尉西虜寇邉
遣長史楊威討之遠攀指受失利徵還領越騎校尉
武庫災百官皆赴火攀獨以兵衛宫復賞絹五百疋
領河南尹遷楊州刺史假節在官數年徳教敷宣征
虜将軍石崇表東南有兵氣不宜用遠人徵拜大司
農兼三州都自表以被疾錯忘不堪銓量人物讓都
職於任㦤費緝不聽遷兖州刺史錫寶劒赤舄固辭
不之官時帝室政衰多害忠直又諸王迭起好結黨

徒攀閽門治疾不與世務朝議欲以為公會薨時年
五十七天子愍悼追贈司農印綬謚曰栢公遺令勑
世子務行恭儉引荀公曾諸葛德林為模範子瑋嗣
李毅字允剛廣漢郪人也祖父朝字偉南州别駕從
事父旦字欽宗光禄郎中主事毅少散達不治素撿
年二十餘乃詣郡文學受業通詩禮訓詁為學主事
太守弘農王濬臨學講試問祭酒姬艷曰學中有可
成進幾百人艷對曰可有百人濬怒曰童冠八百而
成者百人教少何為毅對曰如艷之言明府之教盛
於孔氏不為少也濬奇之命為主簿濬常夢得三口

刀人以禾益之手持不得以問郡丞與掾史莫能知毅對曰吉祥也三刀者州字而益之禾持不得禾傍失者秩字明府秩當至益州濬笑曰如卿言當相以為秀才張弘殺益州刺史皇甫晏誣表晏反毅白濬曰皇甫侯起自諸生位極方州久當何求且廣漢與成都密邇而統梁州者矜益州之領須防在今日也益州有禍乃此郡之憂加張弘小豎衆所不與宜時赴討濬欲先上後行毅曰大夫出疆苟利社稷專之為賢何況殺主賊急當不拘常宜濬從之發兵與牙門滿恭等共討弘斬之詔書遷濬益州刺史毅復為

州主簿別駕舉秀才及濬伐吳與何攀並為參軍吳平封關內侯除隴西護軍以疾去官從繁令遷雲南太守濬臨薨上表後武帝思濬勳問毅所在徙犍為使持節南夷校尉久之犍為民毛詵李叡與朱提民李猛共逐太守杜俊雍約以叛衆數萬毅討破之斬詵猛首叡走依五苓夷亦叛晉朝復置寧州以毅為刺史加龍驤將軍封成都內侯夷遂大反破沒郡縣攻圍州城中原亂而李雄寇蜀救援不至疾病薨於窮城懷帝嘉其忠節追贈少府謚曰威侯毅性通博居情雅厚賑卹寒貧篤於故舊人咸愛歸之但好談

論德量猶少從弟苾字叔平脩身砥礪名行數諫毅
宜自矜嚴毅笑應之曰吾小来不治名素終杖旄節
故可至九卿卿清儉履道卒不失成都令也時毅始
受南夷而苾歷城令果作成都遷犍為太守位官不
及毅毅子釗世秉儒學有格望以父任為謁者除壽
林侯相不就為尚書外兵郎自表赴難至牂牁夷斷
道不得進經年以寧州城中無穀父疾病未知吉凶
不食穀惟茹草迄至奔喪官至朱提越嶲太守西夷
校尉毅女秀適漢嘉太守新都王載有才智父亡後
州文武推領州三年二州當太清中位至方州節將

者壽良何攀及毅永嘉中巴張奕希祖爲荆州刺史
南蠻長水校校尉蜀郡張峻紹茂爲監南中八部事西
夷校尉持節事
楊邠字岐之犍爲武陽人也少好學志古潔厲名行
州辟主簿别駕刺史王濬舉秀才安漢雒令國王中
尉以選爲尚書郎遷汶山太守值夷復讐失誅俗和
徙授巴東轉廣漢永嘉初進衡陽内史遇流民叛亂
攻没長沙湘東邠輒救助賊衆侵盛遂破郡城獲邠
欲以爲主邠不許賊晝夜執守邠候其小怠夜急走
比覺已去遠收餘衆軍重安欲投湘州刺史荀眺共

圖進取會眺降賊郊孤軍固城賊攻圍之誓死不移遂卒城中時年六十九帝為鎮東大将軍嘉其忠節死義遣使弔贈策曰惟永嘉七年四月巳未使持節都督江陽諸軍事鎮東大将軍瑯琊王濬謹遣板命前衡陽内史楊君忠肅貞固守正不移雖危逼節義可嘉不幸殞卒孤城甚悼之今列上尚書贈君淮南内史魂而有靈嘉茲寵榮嗚呼哀哉郊同郡楊稷文曹泰始初為交阯太守平九真鬱林日南四郡斬呉交州刺史劉悛大将軍脩則武帝方授交州會孫皓遣大将軍薛珝陶璜十萬人攻稷被攻八月救援不

至衆寡不敵遂為玥璜所獲因稷欲送皓稷歐血死
帝嘉其忠烈殞命追贈交州刺史也
費立字建熙犍為南安人也父楫字君讓巴西太守
立學義冲邃玄静沉嘿察孝廉王國中尉王年少好
輕行遊觀立常正色匡諫及上疏風喻辭義剴切合
箴規之體出為成都令縣名難治立滋之垂績以性
公亮入為州大中正除巴西太守不就轉梁益寧三
州都督兼尚書値大駕西幸長安常與大臣居守在
洛加員外散騎常侍封關内侯每准正三州人物品
格襃貶帥意方規無復疏親莫不畏敬然委曲者多

恨其繩墨數辭諸郡意在河秦汝潁久之朝議欲以
為荊州永嘉六年與子并沒于朝冦立時漢國吕毅
淑偉德以清彥辟别舉秀才尚書郎秦國内史長水
校尉貟外常侍梁州都督與立同沒胡冦

常騫字季慎蜀郡江原人也祖父笁字代文南廣太
守侍中父偉字公然閬中令騫治毛詩三禮以清尚
知名州辟部從事主簿郡請功曹察孝廉萍鄉令以
選為國王侍郎出為綿竹令國王歸之復入為郎中
令從王起義兵有功封關内侯遷魏郡太守加材官
將軍以晉政衰覩中原不静固辭去官拜新都内史

時蜀亂民皆流在荆湘徙湘東太守疾病未拜卒年六十八騫性泛愛敦敬友宗族當官脩理恕以撫物好咨問動必謙讓州鄉以為儀範二州清官見述者先有宜都太守犍為唐定義葉龍西太守巴西馮命休翊而後騫云

常寬字泰恭騫族弟郥令勗弟子也父廓字敬業以明經著稱早亡闔門廣學治毛詩三禮春秋尚書尤躭意大易博涉史漢彊識多聞而謙虛清素與俗殊務郡命功曹及察孝廉不就州辟主簿別駕舉刺史羅尚秀才為侍御史除繁令隨民安縣零陵以舉將

喪去官湘州叛亂乃南入交州交州刺史陶咸表為
長史固辭不之職雖流離交城衣弊緼袍冠皮冠秉
牛往来獨鳩合經籍研精著述依孟楊宗盧師矩著
典言五篇撰蜀後志及後賢傳續陳壽耆舊作梁益
篇元帝踐祚嘉其德行潔白拜武平太守民悦其政
以榮貴非志在官三年去職尋梁碩作亂得免難卒
於交州凡所著述詩賦論議二十餘篇子長生字彭
祖亦有學行州主簿資中令治中從事早亡時蜀郡
太守巴西黄容亦好述作著家訓梁州巴紀姓族左
傳抄凡數十篇漢嘉太守蜀郡杜龔敬脩亦著蜀後

志及志趙廞李特叛亂之事及喪紀禮式後生有取焉

譙登字慎明巴西充國人譙周孫也仲父熈察孝廉本郡大中正沔陽令叔父同字彦紹少知名拒州郡之命梁州刺史壽良與東羌校尉何攀貢之三司及大將軍幕府爲尚書郎除錫令亦有爲作傳者登少以公亮義烈聞郡命功曹州辟主簿別駕從事領陰平太守郡五官素大姓豪擅侵凌羌晉登誅之郡中皆肅後以李特作亂本郡沒寇父爲李雄巴西太守馬晚所殺乃東詣鎮南劉公請兵時中原亂守公

三年不能得兵表拜楊烈将軍梓潼內史使合義募
登凡募巴蜀流士得二千人鎮西将軍羅尚以退住
巴郡登從尚索益軍討雄不得乃往攻宕渠斬晚食
其肝巴西賊破復詣尚求軍尚叅佐多以必無利登
憤恚數凌折之又加責於尚尚但下之而已會羅羕
殺雄太尉李離舉梓潼来降登徑進涪城雄自攻登
為登所破而尚将張羅進屯犍為之合水文碩殺雄
太宰李國以巴西降羅遣軍掠廣漢破雄叔父驤虜
其妻子募人斫雄頭賊以向困而尚本參佐恨登之
見矜侮不供其軍食益州刺史皮素至巴東勑平西

送故遣将張順楊顯救登至墊江素遇害顯還雄知
登乏食遣驤致攻兵窮士餓誓死不退衆亦餓死而
無去者永嘉三年為驤所生得與登致雄言辭慷慨
涕泣歔欷無服降臣折情雄乃殺之囚其軍士皆以
為奴虜畀兵士而連陰兩百餘日雄中以登為枉而
所領無辜怒氣感天下赦出登軍士湮没者初尚之
在成都也與雄攻戰郫令犍為張昕欽明每摧破雄
雄衆戰之而救助不能并心為雄所殺雄常言羅尚
將均如張昕葦吾族早無遺矣時牙門左汜亦有戰
功尚不能益其兵殺汜恚恨以母喪歸尚累召不往

尚怒曰微左汜當不滅賊乎遂殺之雄聞汜死大小
相賀登同郡縣李高亦有武幹平吳時與牙門將虞
前獲孫皓封縣侯官至金城鴈門太守
侯馥字世明江陽人也察孝廉平西參軍闕薨後巴
郡亂避地入牂牁寧州刺史王遜鎮平西將軍復取
為參軍遜議欲還牂牁太守謝恕為涪陵太守出屯
巴郡之把口表馥為江陽太守住江陽之沘源撫卹
蠻獠克復江陵請通長江雄征東太將軍李恭已在
江陽馥招降夷獠脩繕舟艦為進取計預白遜請軍
移恕俱出涪陵不能自前恭舉衆攻馥衆寡不敵為

恭所破獲生虜馥送雄雄下廷尉責曰事君有死無二其次破家與國今縱不死又無益國灰沒其分守心而已無他顧望雄必欲屈之使馥同郡人張迎曉喻之馥怒罵迎曰吾等國亡不能存大難不能死伍眉海内何面目相見也且王寧州治亂才也以吾有桑梓之耻故遠上尚書遣吾討賊受命之日實忘寢食但裁舡未辦請軍未至牽揣不及為他所先當滅身隕碎以謝不及異上不負日月下不愧王侯吾豈苟生如鄉兒女之人乎迎還白雄雄義而赦之時雄衆寇所獲犍為太守建寧魏紀漢國太守梓潼文琰

巴郡太守巴西黄龕涪陵太守巴西趙弼永昌謝俊
牂牁文猛皆區區稽顙無如馥者數年卒
譔曰文王多士才不同用孔門七十科行相揆百行殊塗
貴於一致若斯諸子或挺珪璋之質或苞瑚璉之器
或躭儒墨之業或韜王佐之略潛則泥蟠躍則龍飛
揮翮揚芳流光遐紀實西土之珍彥聖晉之多士也
徒以生處限外服膺日淺負荷榮顯未克其能假使
植幹華宇振條神區德行自有長短然三趙兩李張
何之軌其有及之者乎譙登侯馥忠規奮烈美志不
遂哀哉

五公

司空何武　司空趙戒　太尉趙謙　司徒趙温

司空張晧

華陽國志卷第十一

華陽國志卷第十二

序志

巴蜀厥初開國載在書籍或因文緯或見史記久遠隱沒寔多綀略及周之世侯伯擅威雖與牧野之師希同盟要之會而秦資其富用兼天下漢祖階之奄有四海梁益及晉分益為寧司馬相如嚴君平楊子雲陽成子玄鄭伯邑尹彭城譙常侍任給事等各集傳記以作本紀略舉其隅其次聖稱賢仁人志士言為世範行為表則者名挂史録而陳君承祚別為耆舊始漢及魏煥乎可觀然三州土地不復悉載地理

志頗言山水歷代轉久郡縣分建地名改易於以居

然辨物知方猶未詳備于時漢（一本無漢字）晉方隆官司

星列提封圖簿歲集司空故人君學士蔭高堂翳帷

幙足綜物土不必待本紀矣曩遭阨運函夏滔堙李

氏據蜀兵連戰結三州傾墜生民殲盡府庭化為狐

狸之窟城郭蔚為熊羆之宿宅遊雉鹿田棲虎豹平

原鮮麥黍之苗千里蔑雞狗之響丘城蕪邑莫有名

者嗟乎三州近為荒裔桑梓之域曠為長野反側惟

之心若焚灼懼益遐棄城陴靡聞迺考諸舊紀先宿

所傳并南裔志驗以漢書取其近是及自所聞以著

斯篇又略言公孫述劉書咸熙以來喪亂之事約取
耆舊士女英彦又擘自開闢終乎永和三年凡十篇
號曰華陽國記夫書契有五善達道義章法戒通古
今表功勲而後旌賢能恨璅才短少無遠及不早援
翰執素廣訪慱咨流離困瘵方資腐帛於顛墻之下
求餘光於灰塵之中劘滅者多故有所闕猶愈於遺
忘焉

蜀紀言三皇乘祗車出谷口秦宓曰今之斜谷也及
武王伐紂蜀亦從行史記周貞王之十六年秦厲公
城南鄭此谷道之通久矣而說者以為蜀王因石牛

始通不然也本紀既以炳明而世俗間横有為蜀傳者言蜀王蠶叢之間周迴三千歲又云荊人鼈靈死屍化西上後為蜀帝周萇弘之血變成碧珠杜宇之魄化為子鵑又言蜀椎髻左衽未知書文翁始知書學按蜀紀帝居房心決事參伐則蜀分野言蜀在帝議政之方帝不議政則王氣流於西故周失紀綱而蜀先王七國皆王蜀又稱帝此則蠶叢自王杜宇自帝皆周之叔世安得三千歲且太素資始有生必死死終物也自古以来未聞死者能更生當世或遇有之則為恠異子所不言況能為帝王乎碧珠出不一

處地之相距動數千里一人之血豈能致此子鵑鳥今云是巂或曰巂周今按說文云蜀王望帝婬其相妻慙亡去為子巂鳥故蜀人聞子巂鳴皆起云望帝巂户圭切所言與蜀志所述相似爾雅亦云巂周子巂鳥也出蜀中四海有之何必在蜀昔唐帝萬國時雍虞舜光宅八表大禹功濟九州后稷封殖天下井田之制庠序之教由来遠矣孔子曰述而不作信而好古竊比於我老彭則彭祖本生蜀為殷太史夫人為國史作為聖則儒自上世見稱在昔及周之末服事于秦首為郡縣雖濱戎夷亦有冠冕故蜀紀曰大人之鄉方大之國也至于漢興及當荒服而無書學乎漢書曰郡國之有文

學因文翁始若然翁以前齊魯當無文學哉漢末時
漢中祝元靈性滑稽用州牧劉焉談調之末與蜀士
燕胥聊著翰墨當時以為極歡後人有以為惑恐此
之類必起於元靈之由也惟智者辨其不然萃也綜
其理數或以為西土𡸁固衿帶易守世亂先違道治
後服若吳楚然故逋逃必萃奸雄闚覦蓋帝王者統
天理物必居土中德膺命運非可資能恃險以干常
亂紀雖饕竊名號終於絶宗殄祀何者天命不可以
詐詭而邀神器不可以僥倖而取也是以四嶽三塗
陽城太室九州之險而不一姓冀之北土馬之所産

古無興國夫恃崄憑危不階曆數而能傳國垂世所未有也故公孫劉氏以敗於前而諸李踵之覆亡於後天人之際存亡之術可以為永鑒也干運犯曆破家喪國可以為京觀也今齊之國志貫之一揆同見不臣所以防狂狡杜奸萌以崇春秋貶絕之道也而顯賢能著治亂亦以為獎勸也其序曰

先王經略萬國剖分厥甸巴梁式象縣辰九俊述職賦政以均佐周斃紂相漢亡秦寔繁其民世載其俊

述巴志第一

維天有漢鑒亦有光實司群望表我華陽炎劉是應

洪祚攸長述漢中志第二

井絡啓耀文昌契符茫茫禹績畫為九州功冐普天

率土以休光靈遐照慶祚奕流邦家濟濟世德球球

述蜀志第三

蠢爾南域在彼要荒漢武徳振蠻貊是攘開州列郡

幽裔来王柔遠能邇實湏才良甄徳表失以明紀綱

述南中志第四

赤德中微巨猾干纂白虜乗釁致民塗炭爰迄靈獻

皇極不建牧后失圖英雄迭進覆車齊軌蒙此艱難

述公孫劉二牧志第五

政去王室權流二桀瓜分天壤宰割民物含彼信順
任此智計大道既隱詭詐競設並以豪特力爭當世
居正慮明名號絕替身兼萬乘籍同列國述劉先主
志第六
乾坤渾始樹君立王天工人代萬邦是望明不二日
地不二皇苟非其器窮高必亢潒瀁後主弗慮弗臧
負乘致冦世業以喪述劉後主志第七
陽升三九品物始亨帝綋失振任非其良趙倡禍階
亂是用長羅州播蕩朱旌莫亢皮張不造戎醜攸行
哀哀元黎碩聤靡望述大同志第八

素精南飄天維弛綱甍甍特流肆其豺狼蕩椎纂承
殲我益梁牧守顛摧黔首辛嘗三州毀曠悠然以荒
絡結王綱民亦流亡述李特雄期壽勢志第九
華嶽降精江漢吐靈濟濟多士命世克生德為世儁
幹為時貞略舉士女表諸賢明世濟其美不隕其名
述先賢士女摠讚論第十
皇皇大晉下土是覆化澹教洽誕茲彥茂峨峨俊乂
亹亹英秀如嶽之崇如蘭之臭經德秉哲綽然有裕
述後賢志第十一
博考行故摠厥舊聞班序州部區別山川憲章成敗

旌昭仁賢抑絀虛妄糾正謬言顯善懲惡以杜未然

述序志第十二

譔曰駟牡騤騤萬馬龍飛陶然斯猶阜會景纖麕獲西守鹿從東麇郇伯勞之旬不接辰嘗茲珍嘉甘心庶幾中為令德一行可師瓚瑋俶儻貫韜光輝據中體正平揖宣尼導以禮樂教洽化齊木訥剛毅有威有懷鏘鏘宮縣磬筦諧諧金奏石拊降福孔皆總括道檢總覽幽微選賢與能人遠乎哉

益梁寧三州先漢以来士女目録

高尚逸民嚴遵字君平 成都人

高尚逸民林閭字公孺 臨邛人楊雄師之見方言

德行治中從事李弘字仲元 成都人

德行給事黄門侍郎楊雄字子雲 成都人

文學神童楊烏 雄子七歲預父玄文九歲卒

文學侍中楊州刺史張寬字叔文 成都人始受文翁遣東受七經還以教授者

文學中郎將司馬相如字長卿 成都人

文學諫議大夫王褒字子淵 資中人

尚書郎楊壯 成都人見楊子方言

美秀中郎將何霸字翁君 郫人

執政大中司空沇鄉侯何武字君公 霸弟以忠正為三公王莽欲篡
位憚而殺之

潁川太守何顯 武弟凡弟五人皆在漢書武子況嗣武侯莽時廢事在武傳中

黃門侍郎鄧通 蜀人孝文帝時為侍郎甚有寵無傳

卓王孫 臨邛人見食貨志姑仍舊列於執政目下無傳

政事左衛護軍陳立字少遷 臨邛人歷牂牁巴郡天水三郡太守治為天下
冣

節士太中大夫章明字公孺 繁人

節士尚書郎侯剛字宣孟新繁人

節士尚書郎王嘉字公卿江原人

節士美陽令王皓字子離江原人

右二十人在前漢其侍郎田儀楊德意無善事在中也

知士博士羅衍字伯紀成都人

德政益州太守王阜字世公成都人

長沙太守任循字伯度成都人少失父後為長沙守父流離遠啚長沙為郡五官父之母識知是事在精通也無傳

公亮大司農司隸校尉任昉字文始循子

徐州刺史任愷字文悌昉弟無傳

文學侍中漢五更張霸字伯饒諡曰文父成都人

文學校書郎楊終字子山成都人

聘士張楷字公超文父子無傳　聘士張光超公超弟無傳

尚書張陵字處冲公超子自陵之後世有大官無傳

義士趙定成都人以廷仁赴義濟窮恤乏為業無傳

保貴太尉司徒司空特進廚亭文侯趙戒字志伯定子

文學國師太常趙典字仲經戒弟二子

忠亮太尉司徒郫惠侯趙謙字彥信戒孫其子孫襲爵亭侯不顯

道德司徒司空趙溫字子柔謙弟自是後世有二千石

義烈侍中長水校尉常洽字茂尼江原人見趙溫傳

道德侍御史常詡字孟元江原人在趙太尉公耆舊傳本志無傳

述作謁者僕射何英字叔俊郫人作漢德春秋

經治犍為屬國何汶字景田英孫

高士楊由字哀侯成都人見後漢方術傳

篤爱高士侯祚字弗伯繁人父楊序弟子無傳

篤爱博士楊班字仲桓成都人何萇弟子

公府辟士羅衡字仲伯郫人亦萇弟子無傳

至孝孝廉脩堅字孟由成都人

推賢美陽令柳宗字伯騫成都人

求次方　王仲曾　張叔遼　殷知孫並蜀人伯騫所授皆致郡

守失其官名

匡正治中從事張充字伯春江原人

匡正司空辟士李羌字孟元江原人

猛略部從事楊竦字子恭成都人子純為二千石失其官

守憲陳湛字小伯成都人

節士仲昱成都人

高士王廣絀子父為公孫述所聘自刎廣逃匿述破後郡及州命察舉皆不往曰吾不能復變

仁義志士任末字叔本繁人

敢當世榮科也無傳

烈士嚴道主簿李慇字文寺嚴道人

義烈郡功曹史朱普字伯禽廣都人
巴郡太守朱辰字元燕廣都人無傳
述作漢中太守鄭廑字伯邑臨邛人作者舊傳本志無傳
右四十人馳名後漢尚書郎張俊失其行事不載學士張寧見朱倉傳朱倉字
雲卿見下自什邡人傳未詳
大鴻臚何宗字彥英郫人
雙柏長何雙字漢偶宗子雙柏乃建寧郡屬縣也無傳
類逸廣漢犍為太守何祗字君肅郫人
忠懃輔漢將軍張裔字君嗣成都人
玄寂太常杜瓊字伯瑜成都人

侍中常竺字代文在耆舊傳本志無傳

安南將軍張表字伯達成都人伯父肅廣漢太守又松字子喬州牧劉璋別駕從事無傳

永昌太守王伉成都人見蜀書本志無傳

右八人在劉氏世

五更張霸夫人司馬敬司成都人

公乘會婦張氏廣都人

犍為楊鳳珪妻陳助臨邛人

廣漢便敬賔婦常元常江原人廣都令常良女

殷氏婦常靡常江原人常仲山女

趙侯夫人常紀常江原人常常侍女

景奇妻羅貢郪人羅侍女

趙憲妻何玹郪人

朱叔賢妻張昭儀繁人

廣柔長姚超二女姚妣姚饒郪人

廣漢王遵妻張叔紀霸女孫

右十一人烈女

右蜀郡士女七十四人六十三人士十一人女

明略漢沔侯范目閬中人以下士女雖閒見巴志中然俱無傳

文學聘士洛下宏字長公閬中人

玄始侍御史任文孫閬中人

文學司空掾任文公文孫弟

先生胥君安見春秋傳首

京兆尹徐誦字子產閬中人

忠正侍中譙隆字伯司閬中人

高清太中大夫譙玄字君黃閬中人

潔白尚書郎譙瑛玄子以易授孝明帝

公車令趙琈字孫明閬中人

公府掾趙毅字仲都琈子

公車減太伯宕渠人見琈傳

雋才涼州刺史趙宏字溫柔閬中人

右十三人前漢

政事楊州刺史嚴遵字王思閬中人

徐州牧嚴羽字子翼王思子

長安令王偉卿王思友見王思傳

政事大司農玄賀字文和宕渠人

将略大鴻臚龐雄字宣孟宕渠人

政事幽州刺史馮煥宕渠人

明略使持節車騎将軍馮緄字鴻卿煥子宕渠人

降虜都尉馮元字公信緄弟

尚書郎馮遵字文衡元子

政事司隸校尉陳禪字紀山安漢人

漢中太守陳澄禪子

別駕從事陳實字盛先澄孫與王文表為友

思防治中從事楊仁字文義閬中人

志士荊州刺史龔調字叔侯安漢人

忠貞魏郡太守趙旻字平仲安漢人

籌畫益州太守李顒字德印墊江人漢書及巴耆舊也

汝南太守謁煥字闕江州人見汝南紀

度遼將軍桂陽太守然溫字闕江州人見巴耆舊傳

美化越巂太守張翕字叔陽安漢人

越巂太守張璘翕子太守王堂察舉孝廉

至孝上蔡令趙邵字泰伯閬中人

孝子嚴永　名儒陳髦　隱士黃錯右三人巴郡太守王堂所進失其官位見堂傳

巴郡太守龔陽字闕墊江人

茂才孟扈江州人右並王文表所薦

日南太守黎景字闕墊江人

茂才王澹閬中人見文表傳

文學掾龔棄墊江人

桂陽太守李溫宕渠人

戶曹掾趙芬宕渠人

上庸太守陳弘安漢人見巴紀

忠義宕渠主簿曲庚宕渠人

忠義宕渠主簿馮湛宕渠人

烈士郝伯都閬中人

右三十五人後漢司隷校尉程烏等失其事不録

義烈江陽太守程畿字季默閬中人

程祁字公弘畿子

楊汰字李儒巴郡人　韓儼巴西人　黎韜巴西人三人見楊文然傳

壯烈將軍嚴顏臨江人見張飛傳

玄真徵士周舒字叔布閬中人

文學儒林校尉周群字仲直舒子

博士周巨群子

雅重車騎將軍育陽景侯黃權字公衡閬中人在魏儀同三司

尚書郎黃崇權子

勇壯折衝將軍西陵太守甘寧字興霸臨江人仕吳

政事鎮南大將軍彭鄉亭侯馬忠字德信閬中人

將略鎮北大將軍安漢侯王平字子均宕渠人

果壯左將軍宕渠侯句扶字孝興漢昌人見王平傳

將略盪寇將軍關内侯張嶷字伯岐南充國人

尚書僕射姚伷字子緒閬中人見楊義傳諸葛故事也

别駕從事馬勳字盛衡閬中人見季漢輔臣傳

尚書馬齊字承伯閬中人見蜀書

越嶲太守龔祿字德緒安漢人父諶犍為太守見巴紀

鎮軍將軍龔皦字德光祿弟

徵士譙岍字榮始西充國人

淵通散騎常侍城陽亭侯譙周字允南岍子在劉氏光祿大夫

右二十三人在劉氏三國之世

趙雲君妻華貞烈

馬妙祈妻義貞烈

王元憒妻姬 貞烈已上皆閬中人　趙瓚妻姬 節烈宕渠人

童女趙英 瓚女　趙萬妻娥 宕渠人

耿秉妻行 安漢人　鮮尼母姜 安漢人

右八人烈女

右巴郡凡士女七十八人 七十人士八人女

道德三老楊統字仲通 新都人曾祖仲續祁令父春卿為公孫述將

光祿大夫楊博字仲達 統長子無傳

文學侍中楊序字仲桓謚曰文父 博弟

高士寇權字文儀 綿竹人序弟子見序傳

高士昭約字節宰 雒人也序弟子二人見序傳

術藝使持節交州牧楊宣字君緯什邡人

學士嚴象廣漢人宣弟子附宣傳

大儒趙翹廣漢人宣弟子附宣傳

烏九校尉郭堅雒人無傳

光祿大夫侍中衛尉鐔顯字子誦郪人

廬江太守蔡亐字子騫雒人

善績司隷校尉郭賀字喬卿堅孫

汞昌太守鄭純字長伯郪人

文學高士王祐字平仲郪人弟灌有文才不悉行事

文才樂安相李尤字伯仁雒人

尚書郎李克（尤孫）

文才東觀郎李勝字茂通（雒人見尤傳）

公亮將作大匠翟酺子超（雒人）

聘士王稚字叔起謚曰憲父（堂少子）

堂長子博（失官位無傳）

博子遵（亦失官位無傳）

隱士馮信字季誠（郪人）

善績蜀郡太守王商字文表（遵子）

隱士夫子段翳字元章（新都人）

明黁侍御史洛陽令王涣字稚子（郪人）

司隸校尉王堂字敬伯 郪人

亢烈辟士段恭字節英 新都人

越嶲太守馬顥字叔宰 郪人

武威太守南陽折侯張江 雒人

鬱林太守折國 江四世孫因封國改姓折

高士折像字伯式 國子

洽中祭酒朱倉字雲卿 什邡人

政事牂牁太守劉寵字世信 綿竹人

孝子江陽符長姜詩字士遊 雒人

陰德郿令王忳字少林 新都人

交州牧羊甚 郪人無傳
推讓野王令羊暮字仲魚 甚子
文學侍中董扶字茂安 綿竹人楊厚弟子
文學聘士任安字定祖 綿竹人亦厚弟子
高讓義士杜真字孟宗 綿竹人
精誠五官諒輔字漢儒 新都人
義士楊寛字叔仲 新都人父斌兄混皆有證明君事失其官位
義士張鉗字子安 廣漢人
烈士賈栩字元集 什邡人
節士甯叔字茂泰 廣漢人

忠義綿竹主簿韓揆字伯彥

壯童左喬雲綿竹人　孝廉汝敦新都人無傳　古朴廣漢人右三人儒學文才見蜀

周幹廣漢人無傳　彭勰廣漢人無傳

志及王商傳

方術太醫丞郭玉字通直

右五十二人馳名漢世

別駕從事李朝字永南郪人

丞相西曹掾李邵字偉南朝弟

文才大司農秦宓字子勑綿竹人

益州太守王士字義彊郪人王祐從弟

別駕從事王甫字國山文衮弟也

優遊特進太常關內侯鐔承字公文鄭人

才雋江陽太守彭羕字永年廣漢人

忠謀從事鄭度綿竹人見劉璋傳

忠烈從事王累新都人見劉璋傳

右九人在劉氏世及二牧時

聘士任安母姚綿竹人

姜詩妻龐行雒人

姜嬪字義舊綿竹人狄道長姜穆文司馬雅妻

廖伯妻殷紀配廣漢人

便敬妻王和 新都人

李珥字進娥 郪人李氏女馮季宰妻

王輔妻彭非 廣漢人

李平字正流 廣漢李元女楊文妻

袁稚妻相烏 德陽人　　王上妻袁福 德陽人

汝敦妻 失姓不知何郡縣人

右十一人烈女

右廣漢郡凡士女七十二人 六十一人士十一人女

知衛光祿大夫關內侯王延世字長叔 資中人

楊州刺史楊漭字翁君 武陽人見何霸傳

忠壯復漢將軍朱遵字孝仲 武陽人

隱知徵士任永字君業 僰道人

隱遯合浦太守費貽字奉君 南安人

精究上黨太守趙松字君喬 武陽人

文學城門校尉董鈞字文伯 資中人

秀穎司隷校尉楊渙字孟文 武陽人見犍為耆舊傳

漢中太守楊文方 渙子文方顗伯冀州刺史仲顗二千石失其行事無傳

政事司隷校尉楊準字伯邳 文方兄子太守太尉李固舉之

清秀大司空張皓字叔明 武陽人

正直光祿大夫廣陵太守張綱字文紀 皓子

郎中張植綱子

尚書張續植弟

豫州牧張方字公始續弟

正直司隸校尉趙旂字子鸞資中人

別駕從事王元武陽人刺史張喬時見楊綂簿無傳

義士公車令杜撫字叔和資中人

義士新都令趙敦字建侯武陽人

孝士尚書郎隗相字叔通僰道人

呂孟南安人不詳其事無傳

吳順字叔和僰道人

學士韓子方棘道人張貞師無傳

學士謝褒南安人見張鈕傳

右二十四人在漢世

政事蜀郡太守關内侯楊洪字季休武陽人

直率諫議大夫費詩字公舉南安人

忠正車騎将軍都亭侯張翼字伯恭綱後子微見壽良傳

文學五官中郎将伍梁字德山南安人

文才射聲校尉楊羲字文然武陽人

右五人在劉氏世從事賈龍不悉其事不録

漢中太守楊文方妻陽姬武陽人

相登妻周度僰道人

曹敬字敬姬南安人周紀妻

程貞玦字瓊玉牛鞞人資中張惟妻

尹仲讓妻韓姜僰道人

儀成妻謝姬南安人

趙嫕姜資中人趙盛道妻

張貞妻黃帛僰道人

楊進武陽人廣漢王博妻

右九人列女

右犍為郡士女凡三十八人二十九人士九人女

忠正城陽中尉鄧先成固人景帝時　楊王孫

致遠衛尉博望侯張騫成固人武帝時

奕郎給事中張猛騫孫元帝時

高尚逸民鄭子真褒中人成帝時

高尚聘士衛衡字伯梁南鄭人樊志張弟子

大儒李頡南鄭人無傳

文學司徒李郃字孟節頡子

執正太尉李固字子堅郃子

雅望京兆尹李燮字德公固少子

奉車都尉李歷字季子固從弟

善績司隸校尉李法字伯度 南鄭人

犍為太守趙宣字子雅 南鄭人

德望廣漢太守趙瑤字元珪 宣子

溫雅尚書趙琰字稚珪 瑤弟

義壯弘農太守陳綱字仲卿 成固人

義烈從事陳調字元化 綱孫

知思巴郡太守陳雅字伯臺 成固人

南郡太守程基字稚業 南鄭人無傳

大鴻臚劉巨公 南鄭人見烈女傳

廣漢屬國張泰字伯驥 南鄭人無傳

政事度遼將軍張亮則字元脩（泰從弟）

愷悌綿竹令閻憲字孟度（成固人）

隱士樊志張（南鄭人見征南將軍段熲傳）

籌畫計曹史程苞字元道（南鄭人）

文才葭萌長祝龜字元靈（南鄭人）

義烈郡主簿段崇字禮高（南鄭人）

義烈功曹程信字伯義（南鄭人）

嚴擧　李容　陳巳　王宗　姜濟　曹廉　勾矩

劉旌　原展（九人太守鄭廑吏見段崇程信傳）

義烈從事燕邠字元侯（南鄭人）

義烈主簿趙嵩字伯高南鄭人

右三十九人後漢

陳術字申伯歷二郡太守見蜀書撰益部耆舊傳者

右一人劉氏之世

李穆姜安衆令程祗妻李法姑也子基

劉泰瑛巨公女

杜泰姬揚相妻〔南鄭人犍爲太守趙宣妻〕

楊禮珪成固楊元珍女陳省妻

李文姬太尉固女趙瑛妻

陳順謙鄧令曹寧妻陳伯臺從女也兄子陳規著書稱之

陳惠謙 順謙妹度遼將軍張亮則夫人

張禮脩 南鄭人趙嵩妻

韓樹南 南鄭人趙子賤妻

右九人烈女

右漢中郡士女凡五十八人 四十一人士九人女

忠義鎮遠將軍義侯文齊字子奇 梓潼人平帝用為益州太守遂不服王莽公孫述光武嘉之

北海太守文忳 齊子

節士李業字巨遊 梓潼人

遂久令李翬 業子

益州太守景毅字文堅梓潼人

政事有道景鸞字漢伯梓潼人

文學孝廉楊充字盛國梓潼人

壯烈濟陰相寇祺字宰朝梓潼人

壯烈童人李餘涪人

義士功曹張壽字伯僖涪人

義士王晏字叔愽涪人

方士李助字翁君涪人

右十二人漢世

尚玄諫議大夫杜微字國輔涪人

文學李仁字德賢涪人

太子中庶子李譔字欽仲仁子

太子家令尹默字思潛涪人

丞相參軍文恭字仲寶梓潼人

果銳前監軍將軍司馬李福字孫德涪人見諸葛故事蜀書

文極字季姜梓潼人將作大匠王堂夫人

右六人劉氏世

巴郡虞顯妻杜慈涪杜季女

郭孟妻楊敬涪楊女

右烈女三人

右梓潼郡士女二十一人十三人士八人女

脩慎少府太常關内侯王謀字元漢漢嘉人

雲南太守張休

右二人漢嘉人士在劉氏世

文學荊州刺史尹珍字道真毋斂人

巴郡太守傅寶字紀圖平夷人

忠義冠軍將軍寧州刺史謝恕字茂理毋斂人

右三人牂牁人士

忠義大將軍朝侯祭酒錫光字長沖

右一人西城人士

忠義雲南太守陽遷亭侯呂凱字季平不韋人

右一人永昌人士

義正安漢將軍建寧太守李恢字德昂

領軍爨習

御史中丞孟獲

右三人建寧人士

輔漢將軍孟琰字休明

右一人朱提人士

先泥和女絡符人

右一人烈女江陽人

大凡三州十三郡自漢興至三國之終士女載傳記者三百四十人士二百九十三人女四十七人

公七人　大将軍二十二人　侯二十人

卿佐十四人　侍中七人　尚書五人

司隸校尉六人　州刺史十三人　郡守四十八人

國師三人　光祿大夫四人　尚書郎十二人

中書郎将御史六人　公車令諫議太中十一人

公府辟士八人　高士一人

聘士七人　徵士四人

節士四人　烈女四十七人

益梁寧三州三國兩晉以来人士目録 添立目録

明略大司農西城公何攀字惠興 郫人

清秀大長秋壽良字文淑 成都人

果烈西河太守栁隱字休然 成都人

梁益二州都督杜禎 成都人

都督庻支巴東太守栁伸字雅厚 成都人

德行江陽太守何隨字季業 郫人

令德犍為太守杜軫字超宗 成都人

犍為太守杜烈字仲武 軫弟

建寧太守杜良字幼倫

益州刺史杜毗字長基

德行給事中任熈字伯遠成都人

涪陵太守任蕃字憲祖熈子

義正郪令常勗字脩業江原人

州都常忌字茂通勗從弟

令才太史令高玩字伯珍江原人

閎才湘東太守常騫字季慎江原人

述作武平太守常寬字泰恭騫從弟

使持節西夷校尉張岐字紹茂成都人

征西將軍西夷校尉益州刺史王異字彥明成都人

勇略雍州刺史南中郎將重安開國侯李陽字文淑郪人

征虜將軍廣漢梓潼太守楊謙字令志成都人

右二十二人蜀郡人在晉世

強濟少府成都威侯李毅字允剛郪人

西夷校尉李釗字世康毅子

仁讓漢嘉太守司馬勝之字興先綿竹人

德義梓潼太守王化字伯遠郪人文表孫

巴東太守王振字仲遠化弟

作唐令王岱字季遠振弟

述作蜀郡太守王崇字幼遠攸弟

素隱中書郎王長文字德儁郪人

建寧太守耿容字宗仲廣漢人

右九人廣漢人在晉世

漢中太守李宓字令伯武陽人

汶山太守李驤字宗碩宓子

太傅參軍李興字儁碩驤子

廣漢太守張徵字建興翼子

譙國內史費緝字文平南安人二子見壽良傳

執義衡陽太守楊邠字岐之武陽人

清正尚書費立字建熙 南安人

右七人犍為人士在晉世

衛尉文立字廣休 臨江人

武陽太守楊宗 臨江人

牂牁太守毛楚 枳人

右三人巴郡人在晉世

述作太守中庶子陳壽字承祚 安漢人

驃騎府掾陳蒞字叔度 壽兄子

上廉令陳符字長信 壽兄子

建寧太守陳階字達之 蒞弟

正直漢中太守閻績字續伯漢安人

卓略長水校尉荆州刺史張奕字希祖南充國人

義烈楊烈將軍梓潼内史譙登字順明周孫

令德錫令譙同字彥紹周子見周傳

右八人巴西人士在晉世

清重長水校尉呂淑字偉德

右一人在漢中人

廣漢太守李驤字叔龍福子

右一人梓潼人

忠義江陽太守侯馥字世明

右一人江陽人

三州後賢五十一人并前賢三百九十一人

譔曰凡此人士或見漢書或載耆舊或見郡紀或在三國書并取其秀異表之斯篇其洪伐張顯並附載者齊之其但見名目而不詳其行故或有以傳無珍善闕之以副直文爲實録矣

郡國志卷十二目錄　三

（晉）常璩　撰

明本華陽國志

第二册

國家圖書館出版社

第二册目録

華陽國志卷第七

劉後主志

後主諱禪字公嗣先主太子甘夫人所生也襲位時年十七　建興元年夏五月後主即位尊皇后吳氏曰皇太后大赦改元於魏黃初四年吳黃武二年也立皇后張氏車騎将軍張飛女也封丞相亮武鄉侯中護軍李嚴假節加光禄勳封都鄉侯督永安事中軍師衛尉魯國劉琰亦都鄉侯中護軍趙雲江州都督費觀屯騎校尉丞相長史王連中部督襄陽向寵及魏延吳懿皆封都亭侯楊洪王謀等關內侯

南中諸郡並叛亂亮以新遭大喪未便加兵遣尚書
南陽鄧芝固好於吳吳王孫權曰吾誠願與蜀和親
但主幼國小慮不自存芝對曰吳蜀二國之地吳有
三江之阻蜀有重險之固大王命世之英諸葛亮一
時之傑合此二長共為脣齒進可兼并天下退可鼎
足而跱大王如臣服於魏魏則上望大王入朝其次
求太子入侍若其不從則奉辭伐叛蜀必順流見可
而進如此江南之地非復大王之有也吳王大悅與
蜀和親使聘歲通芝後累往權曰若滅魏之後二主
分治不亦樂乎芝對曰滅魏之後大王未深識天命

者戰爭方始耳權曰君之誠懇乃至於此乎權書與亮曰
丁宏掞張（蜀志宏作厷孫權謂宏言多浮豔）陰化不實和合二國惟
有鄧芝

二年丞相亮開府領益州牧事無巨細咸決於亮亮
乃撫百姓示儀軌約官職從權制盡忠益時者雖讎
必賞犯法怠慢者雖親必罰服罪輸情者雖重必釋
遊辭巧飾者雖輕必戮善無微而不賞惡無纖而不
貶庶事精練物究其本循名責實虛偽不齒終乎封
域之内畏而愛之刑政雖峻而無怨者以其用心平
勸戒明也　辟尚書郎蔣琬及廣漢李邵巴西馬勳

為掾南陽宗預為主簿皆德舉也秦宓為別駕犍為五梁為功曹梓潼杜微為主簿皆州俊彥也而江夏費禕南郡董允郭攸之始為侍郎贊揚日月

吳遣中郎將張温來聘報鄧芝也將返命百官餞焉惟宓未往亮累催之温問曰彼何人也亮曰益州學士者也及至温問宓曰君學乎荅曰五尺童子皆學何況小人温曰天有頭乎在何方也宓曰在西詩云乃眷西顧知其在西又曰天有耳乎宓曰詩不云乎鶴鳴九皋聲聞于天君無其耳何以聽之又曰天有足乎曰有詩云天步艱難之子不猶若其無足何以

步之又曰天有姓乎曰姓劉何以知之曰其子姓劉
又曰日生於東乎曰雖生於東終没於西荅問如響
之應聲温大敬服宓亦尋遷右中郎將長水校尉大
司農
三年春長水校尉廖立坐謗訕朝廷改徙汶山立自
荆州與龐統並見知而性傲侮後更冗散怨望故致
黜廢
三月亮南征四郡以弘農太守楊儀為叅軍從行步
兵校尉襄陽向朗為長史統留府事
秋南中平軍資所出國以富饒

冬亮還至漢陽與魏降人李鴻相見說新城太守孟達委仰於亮亮無已亮方壯圖欲招達為外援譙參軍蔣琬從事費詩曰歸當有書與子度相聞對曰孟達小子昔事振威不忠後奉先帝背叛反覆之人何足與書亮不荅詩數率意率意凌遲語在蜀書傳中故凌遲於世

十有二月亮至群官皆道迎而亮命侍郎費禕參乘禕官小年幼衆士於是莫不易觀

四年永安都護李嚴還督江州巴郡以征西将軍汝南陳到督永安封亭侯

是歲魏文帝崩明帝立

五年魏太和元年也春丞相亮将北伐上疏曰今天下三分益州疲弊此誠危急存亡之秋也然侍衛之臣不懈於内忠志之士亡身於外者咸追先帝之遇欲報之陛下也先帝以臣謹慎故臨崩寄臣以大事受命以来夙夜憂歎故五月渡瀘深入不毛今南方以定兵甲以足當奬率三軍北定中原庶竭駑鈍攘除奸凶克復漢室還于舊都此臣所報先帝而忠於陛下願陛下託臣以討賊興復不効則治臣之罪以告先帝之靈陛下亦宜自謀諮諏善道察納雅言不宜引喻失所以塞忠諫之路也又曰親賢臣遠小人

先漢所以興隆昵小人踈君子後漢所以傾覆侍中郭攸之費禕侍郎董允先帝簡拔以遺陛下斟酌規益進盡忠言則其任也宮省之事悉以諮之必能裨補闕漏有所廣益也以尚書南陽陳震為中書令治中張裔為留府長史與參軍蔣公琰知居府事

二月亮出屯漢中營沔北陽平石馬以鎮北將軍魏延為司馬

六年春丞相亮揚聲由斜谷道取郿使鎮東將軍趙雲中監軍鄧芝據箕谷為疑軍魏大將軍曹真舉衆

當之亮身率大衆攻祁山賞罰肅而號令明天水南
安安定三郡叛魏應亮關中響震魏明帝西鎮長安
命張郃拒亮亮使參軍襄陽馬謖裨將軍巴西王平
及張休李盛黃襲等在前違亮節度為郃所破平獨
斂衆為殿而雲芝亦不利亮抜將西縣千餘家還漢
中戮謖及休盛以謝衆奪襲兵貶雲秩長史向朗以
不時臧否免罷超遷平參軍進位討寇將軍封亭侯
統軍五年亮上疏曰臣以弱才叨竊非據親秉旄鉞
以厲三軍不能訓章明法臨事而懼至有街亭違令
之闕箕谷不戒之失咎皆在臣臣授任無方春秋責

帥臣職是當請自貶三等以督厥咎於是以亮為右将軍行丞相事辟天水姜維為倉曹掾加奉義将軍封當陽亭侯亮書與長史張裔參軍蔣琬稱維曰姜伯約西州上士馬季常李永南不如也

冬亮復出散關圍陳倉糧盡還魏将王雙追亮亮合戰斬雙

七年春丞相亮遣護軍陳戒攻武都陰平魏雍州刺史郭淮出将擊戒亮自至建威淮退遂平二郡　後主詔策亮曰街亭之貶咎由馬謖而君引愆深自抑損重違君意聽順所守前年耀師馘斬王雙今歲爰

征郭淮遯走降集氐羌興復二郡威震凶暴功勲赫
然復君丞相君其毋辭　夏四月吳主孫權稱尊遣
衛尉陳震慶問與蜀約分天下
冬城漢樂
八年春丞相亮以參軍楊儀為長史加綏遠將軍遷
姜維護軍征西將軍　秋魏大將軍司馬宣王由西
城征西車騎將軍張郃由子午大司馬曹真由斜谷
三道將攻漢中丞相亮軍城固表進江州都護李嚴
驃騎將軍將二萬人赴漢中嚴初求以五郡為巴州
書告亮言魏大臣陳群司馬懿並開府亮乃加嚴中

都護以嚴子豐為江州都督大雨道絕真等還丞相
亮以當西土征因留嚴漢中署留府事嚴改名平
丞相司馬魏延將軍吳懿西入羌中大破魏後將軍
費懽雍州刺史郭淮于陽溪延遷前軍師鎮西將軍
封南鄭侯懿左將軍高陽鄉侯徙魯王永為甘陵王
梁王理為安平王皆以魯梁在吳分故也
九年春丞相亮復出圍祁山始以木牛運參軍王平
守南圍司馬宣王拒亮張郃拒平亮慮糧運不繼設
三策告都護李平曰上計斷其後道中計與之持久
下計還住黃土時宣王等糧亦盡盛夏雨水平恐運

漕不給書白亮宜振旅

夏六月亮承平指引退張郃至青封交戰為亮所殺

秋八月亮還漢中平懼亮以運不辦見責欲殺督運領岑述驚問亮何故來還又表後主言亮偽退亮怒表廢平為民徙梓潼奪平子豐兵以為從事中郎與長史蔣琬共知居府事時費禕為司馬也

十年春丞相亮休士勸農車騎將軍劉琰與軍師魏延不和還成都

秋旱亮練兵講武

十一年魏青龍元年也丞相亮治斜谷閣運糧谷口

十二年春丞相亮以流馬運從斜谷道出武功據五
丈原與司馬宣王對於渭南亮每患糧不繼使志不
伸乃分兵屯田為久住之基耕者雜於渭濱居民之
間百姓安堵軍無私焉
秋八月亮疾病卒于軍時年五十四還葬漢中定軍
山塚足容棺歛以時服謚曰忠武侯鎮西大将軍魏
延與長史楊儀素不和亮既恃延勇猛又惜儀籌畫
不能偏有所廢常恨二人之不平為作甘戚論二子
不感延常舉刃擬儀儀涕淚交流惟護軍費禕和解
中間終亮之世盡其器用儀欲案亮成規将喪引退

使延斷後姜維次之延怒舉軍先歸南鄭交相表反
留府長史蔣琬侍中董允保楊儀疑延延道欲擊儀
儀遣平北將軍馬岱討滅延延自以武幹常求將數
萬別行依韓信故事亮不許以亮為怯及儀將退使
費禕造延延曰公雖亡吾自見在當率衆擊賊豈可以
一人亡廢國家大事乎使禕報儀不可故欲討儀儀
率諸軍還成都大赦以吳懿為車騎將軍假節督漢
中事初亮密表後主以儀性狷狹若臣不幸可以蔣
琬代臣於是以琬為尚書令總統國事以儀為中軍
師司馬費禕為後軍師征西姜維為右監軍輔漢將

軍鄧芝前軍師領兖州刺史張翼前領軍竝典軍政
廖立在汶山聞亮卒垂泣曰吾終為左衽矣李平亦
發病死初立平為亮所廢安奄没齒常冀亮當自補
復策後人不能故感憤焉
十二年拜尚書令蔣琬為大將軍領益州刺史以費
禕為尚書令時新喪元帥遠近危悚琬超登大位既
無戚容又無喜色衆望漸服侍郎董允兼虎賁中郎
將統宿衛兵軍師楊儀自以年宦在琬前雖為參軍
長史已常征伐勤苦更處琬下書怨望謂費禕曰公
亡際（按本傳云徃者丞相亡殁之際）吾當舉衆降魏處世寧當落度

如此邪令人悔不可復禕表其言廢徙漢嘉儀又上
書激切遂行儀重辟
吳以亮之卒也增巴丘守萬人蜀亦益白帝軍右中
郎宗預使吳吳主曰東之與西共為一家何以益白
帝守預對曰東增巴丘之戍蜀益白帝之兵俱事勢
宜然不足以相問也
十四年夏四月後主西巡至湔山登坂觀汶川之流
武都氐王符健請降將軍張尉迎之過期不至大將
軍琬憂之牙門將巴西張嶷曰健求附款至必無他
變聞健弟狡不能同功各將乖離是以稽耳健弟果

叛就魏健率四百家随尉居廣都縣
十五年魏景初元年也
夏六月皇后張氏薨謚曰敬哀　是歲車騎将軍吴
懿卒以後典軍安漢将軍王平領漢中太守代懿督
漢中事懿從弟班漢大将軍何進官屬吴匡之子也
名常亞懿官至驃騎将軍持節鄉侯時南郡輔匡光
弼零陵劉邕南和官亦至鎮南将軍潁川袁淋南郡
高翔至大将軍淋征西将軍
延熈元年春正月立皇后張氏敬哀皇后妹也大赦
改元立子璿為太子瑶為安定王以典學從事巴西

譙周為太子家令梓潼李譔為僕射皆名儒也

冬十二月大將軍琬出屯漢中更拜王平以前護軍署大將軍府事尚書僕射李福為前監軍領大將軍司馬

延熙二年春三月進大將軍琬大司馬開府辟治中從事犍為楊義（蜀書作戲）為東曹掾義性簡琬與言時不應荅群吏以為慢琬曰夫人心不同各如其面面從後言古人所戒義欲贊吾是耶則非本心欲反吾言也則顯吾之非是以嘿然此義之快也又督農楊敏常毀琬作事憒憒誠非前人也或以白琬琬曰吾信

不如前人主者乞問憒憒之狀琬曰苟其不如則憒憒矣復問何也後敏坐事下獄人以為必死琬心無適莫是以上下輯睦歸仰於琬蜀猶稱治

輔漢將軍姜維領大司馬是歲西征入羌中魏明帝崩齊王即位延熙三年魏正始元年也

安南將軍馬忠率越巂太守張嶷平越巂郡四年冬十月尚書令費禕至漢中與大司馬琬懿論事計歲盡還　五年春正月姜維還屯涪縣大司馬琬以丞相亮數入秦川不克欲順沔東下征三郡朝臣咸以為不可安南將軍馬忠自建寧還朝因至漢中宣詔

旨于琬琬亦連疾動輙計還忠鎮南大将軍封彭鄉侯六年大司馬琬上疏曰臣既闇弱加嬰疾疢奉辭六年規方無成夙夜憂慘今魏跨帶九州除之未易如東西掎角但當蠶食然吳期二三連不克果輙與費禕馬忠議以為涼州胡塞之要宜以姜維為涼州刺史銜持河右今涪水陸四通惟急是赴若東北有虞應之不難

冬十月琬還鎮涪以王平為鎮北大将軍督漢中事姜維鎮西大将軍涼州刺史

十有一月大赦遷尚書令費禕大将軍錄尚書事就

遷江州都督鄧芝車騎將軍
七年閏月魏大將軍曹爽征西將軍夏侯玄征蜀王
平與護軍零陵劉敏拒興勢圍以大司馬琬疾病假
大將軍禕節率軍自成都赴漢中救魏旌旗啓路馬
人擐甲羽檄交馳嚴鼓將發光祿大夫義陽來敏求
共圍碁禕留意博奕色守自若敏曰聊試君耳君信
可人必能辦賊者也比至爽等退命鎮南大將軍馬
忠平尚書事夏四月安平王子胤卒
秋九月禕還大司馬琬以病固讓州職于費禕董允
於是禕加大將軍領益州刺史允加輔國將軍守尚

書令允立朝正色處中上則匡主下帥羣司于時蜀人以諸葛亮蔣費及允為四相一號四英宦人黃皓便僻佞慧畏允不敢為非後主欲採擇（按蜀志云後主欲採擇以充後宮）允曰妃后之數不可過十二允嘗與典軍義陽胡濟大將軍禕共期遊宴命駕將出郎中襄陽董恢造允脩敬自以官卑年少求去允曰本所以出者欲與同好遊談耳君已自屈方展闊積舍此就彼非所謂也命解驂止駕允之下士接物皆此類也君子以為有周公之德

八年秋皇太后吳氏薨謚曰穆

冬十有一月大將軍褘行軍漢中

九年夏六月褘還成都

秋大赦司農孟光於衆中責褘曰夫赦者偏枯之物非明世所宜有也今主上賢仁百寮稱職有何旦夕之急數施非常之恩以惠奸宄之惡上犯天時下違人理豈具瞻之高美所望於明德哉褘但顧謝焉初丞相亮時有言公惜赦者亮荅曰治世以大德不以小惠故匡衡吳漢不願爲赦先帝亦言吾周旋陳元方鄭康成間每見啓告治亂之道備矣曾不語赦也若景升季玉父子歲歲赦宥何益於治故亮時軍旅

屢興赦不妄下也自亮歿後茲制遂虧　蜀初闕三
司之位以待天下賢人其鄉士皆勳德融茂太常杜
瓊學通行脩衛尉陳震忠惇篤粹孟光亮直著聞皆
良幹也但光好指摘利病大長秋南陽許慈晉記載
籍典掌舊文光祿来敏荊楚名族東宮耆宿以舉措
不慎前後數貶指當世美名不及特進太常廣漢鐔
承光祿勳河東裴儁也其朝臣尚書巴西司學義陽
胡博僕射巴西姚伷侍中汝南陳祗兹贊事業以故
丞相長史向朗為左將軍朗自去長史優游無事乃
鳩合經籍開門誘士講論古義不豫世務是以上自

執政下及童冠莫不宗敬焉
冬十有一月大司馬琬卒謚曰恭侯中書令董允亦
卒超遷蜀郡太守南陽呂乂為尚書令進姜維為衛
將軍與大將軍禕並録尚書事維出隴西與魏將郭
淮夏侯霸戰克之
十年涼州胡王白虎文治無戴等率衆降衛將軍維
徙之繁縣
汶山平康夷反維復討平之過見廖立意氣自若維
還假節
十一年鎮北將軍王平卒以中監軍胡濟為驃騎將

軍假節領兖州刺史代平督漢中事平始出軍武大
不知書按本傳云手不能書性警朗有思理與馬忠竝垂事績
平同郡句扶亦果壯亞平官至左將軍封宕渠侯後
張翼與襄陽廖化竝為大將軍故時人為語曰前有
何句後有張廖平本養外家何氏後復姓
夏五月大將軍禕出屯漢中十二年魏嘉平元年也
魏誅大將軍曹爽右將軍夏侯霸來降淵子也拜車
騎將軍四月大赦
秋衛將軍維出雍州不克將軍句安李韶降魏
十三年衛將軍維復出西平不克而還

十五年吳主孫權薨子亮立來告赴之如古義也

立子琮為西河王　命大將軍禕開府　尚書令呂

乂卒以侍中陳祗守尚書令加鎮軍將軍

十六年春正月朔魏降人郭脩因賀會手刃殺大將

軍費禕于漢壽謚曰敬侯禕當國名略與蔣琬比而

功業相繼雖典戎于外慶賞刑威咸咨於已承諸葛

之成規因循不革故能邦家和一自禕歿後閹宦弄

權衛將軍維自負才兼文武加練西方風俗謂自隴

以西可制而有禕常裁制不從至是無憚屢出師旅

功績不立政刑失錯矣

四月維将數萬攻南安魏雍州刺史陳泰救之維糧

盡還十七年魏征元元年也

春衛将軍維督中外軍事大赦　夏六月維復出隴

西隴西狄道長李簡舉縣降維圍襄武魏大将徐質

救之維拔狄道河間臨洮三縣民入蜀居于綿竹及

繁

是歲魏帝齊王廢高貴鄉公即祚

十八年春衛将軍維出議出征征西大将軍張翼廷

爭以國小不宜黷武維不聽　夏率車騎将軍夏侯

覇及翼出狄道大破魏雍州刺史王經于洮西經衆

死數萬經退保狄道城翼曰可矣不宜進或毁此成
功為蛇畫足維必進魏征西将軍陳泰救狄道維退
駐鍾題
十九年魏甘露元年也　春進衛将軍姜維為大軍
秋八月維後出天水至上邽鎮西大将軍胡濟失期
不至大為魏将鄧艾所破死者甚衆士庶由是怨維
而隴以西亦無寧歲　冬維還謝過引負求自貶削
於是以維為後将軍行大将軍　立子瓚為新平王
大赦
二十年春大赦魏征東大将軍諸葛誕以淮南叛連

吴魏分關中兵東下後將軍姜維復從駱谷出長城軍芒水與魏大將司馬望鄧艾相持景耀元年維以誕破退還成都復拜大將軍　史官言景星見大赦改元　宦人黃皓與尚書令陳祗相表裏始豫政皓自黃門丞至今年為奉車騎尉中常侍姜維雖班在祗右權任不如蜀人無不追思董允者時兵車久駕百姓疲弊太中大夫譙周著仇國論言可為文王難為漢祖人莫察焉

征北大將軍宗預自永安徵拜鎮南將軍領兖州刺史以襄陽羅憲為鎮軍督永安事

吴大臣廢其主亮立孫休來告難如同盟也

大將軍維議以為漢中錯守諸圍適可禦敵不獲大利不若退據漢樂二城積穀堅壁聽敵入平且重關鎮守以禦大敵攻關不克野無散穀千里懸糧自然疲退此殄敵之術也於是督漢中胡濟郤守漢壽監軍王含守樂城護軍蔣舒守漢城又於西安建威武衛石門武城建昌臨遠皆立圍守

二年夏六月立子諶為北地王恂為新興王虔為上黨王　以征西張翼為左車騎將軍領冀州刺史廣武督廖化為右車騎將軍領并州刺史時南郡閻宇

為右衛大將軍
秋八月丙子領中護軍陳祗卒謚曰忠侯祗在朝上
希主指下接閹宦後主甚善焉以僕射南鄉侯董厥
為尚書令三年魏景初元年也
秋九月追謚故前將軍關羽曰壯繆侯車騎將軍張
飛曰桓侯驃騎將軍馬超曰威侯軍師龐統曰靖侯
後將軍黃忠曰剛侯
是歲魏帝高貴鄉公卒常道鄉公即帝位
四年春三月追謚故鎮軍趙雲曰順平侯
冬十月大赦拜丞相亮子武鄉侯瞻中都護衛將軍

遷董厥輔國大將軍與瞻輔政以侍中義陽樊建守
尚書令自瞻厥用事黃皓秉權無能匡矯者惟建特
不與皓和好往來而秘書令河南郤正與皓比屋周
旋皓從微至著既不憎正又不愛之官不過六百石
常免於憂患按晉百官表厥字龔襲亦義陽人建字長元
五年春正月西河王琮卒
大將軍維惡皓之恣擅啓後主欲殺之後主曰皓趨
走小臣耳往者董允切齒吾常恨之君何足介意維
本羇旅自託而功效無稱見皓枝附葉連懼於失言
遜辭而出後主勑皓詣維陳謝維誘皓求沓中種麥

以避內逼遁皓承白後主秋維出侯和為魏將鄧艾所破還遁駐沓中皓協比闇宇欲廢維樹宇故維懼不敢還按沓中即古松州去文州三百里

六年春魏相國晉文王命征南將軍鄧艾鎮西將軍鍾會雍州刺史諸葛緒益州刺史師纂五道伐蜀大將軍姜維表後主求遣左右車騎張翼廉化督諸軍分護陽安關口及陰平橋頭黃皓信巫鬼謂敵不來啓後主寢其事群臣不知　夏艾將入沓中會將向駱谷蜀方聞之遣張翼董厥為安陽關外助廉化為維援繼大赦改元炎興比至陰平聞諸葛緒向建威

故待月餘維為鄧艾所摧還陰平　鍾會圍樂城遣
別將攻關分將蔣舒開門降督傅僉奮戰而死　冬
會以樂城不下徑長驅而前翼厥之至漢壽也維化
舍陰平還保劒閣拒會會不能尅糧運懸遠議欲還
而鄧艾由陰平景谷傍入後主又遣都護諸葛瞻督
諸軍拒艾至漢涪不進尚書郎黄崇權子也勸瞻速
行固險無令敵得入坪言至流涕瞻不從前鋒已破
艾徑至涪瞻退保綿竹艾書與瞻曰若降者必表封
琅耶王瞻怒殺艾使戰于綿竹瞻軍敗績瞻臨陣死
崇及羽林督李球尚書張遵皆必死沒命瞻長子尚

歎曰父子荷恩不早斬黄皓以致敗國殄民用生何
為乃驅馬赴魏軍而死　百姓聞艾入坪驚迸山野
後主會群臣議欲南入七郡或欲奔吳光祿大夫譙
周勸降魏魏必裂土封後主後主從之遣侍中張紹
駙馬都尉鄧良齎璽綬奉牋詣艾降北地王諶恚憤
殺妻子而後自殺　艾至成都後主轝櫬面縛銜璧
迎之艾親釋其縛受其璧焚其櫬承制拜驃騎將軍
使止其宮執黄皓將殺之受賂而赦之諸圍守皆奉
後主勑令乃下姜維未知後主降謂且固城素與執
政者不平欲使其知衛敵之難而後逞志乃廻由巴

西出郪五城會被後主手令乃投戈釋甲詣鍾會降
于涪軍士莫不奮擊以刃斫石　明年春正月會構
艾檻車見徵會圖異計奇維雄勇還其節盖印號謂
長史杜預曰姜伯約比中州名士夏侯太初諸葛公
休不如也鄧艾亦謂蜀人曰姜維雄兒也會維每出
同車坐同席將至成都自稱益州牧以叛恃維為爪
牙欲遣維為前將軍伐中國維既失策又知會志廣
教會誅北來諸將諸將既死徐欲殺會盡坑魏兵還
復蜀祚密書通後主曰願陛下忍數日之辱臣欲使
社稷危而復安日月幽而復明魏太后崩會命將發

丧因欲誅之諸將半入而南安太守胡烈等知其謀
燒成都東門以襲殺會及維張翼後主太子璿等軍
衆抄掠數日乃定
三月後主舉家東遷洛陽
丁亥封安樂縣公食邑萬户賜絹萬疋奴婢百人他
物稱此兄弟子孫為郡都尉侯者五十餘人以譙周
全國濟民封城陽亭侯秘書令郤正舍妻子隨侍後
主相導威儀封關内侯於是尚書令樊建殿中督張
通侍中張紹亦封侯劉氏凡得蜀五十年正稱尊號
四十二年

蜀郡太守王崇論後主曰昔世祖內資神武之大才
外挾四屯之奇將猶勤而獲濟然後登天衢車不輟
駕坐不安席非淵明引鑒則中興之業何容易哉後
主尋常之君雖有一亮之經緯內無骨肉之謀外無
爪牙之將焉可包括天下也又曰鄧艾以疲兵二萬
遠出江油姜維舉十萬之師案道南歸艾為成禽禽
艾已訖復還拒會則蜀之存亡未可量也乃迴道之
巴遠至五城使艾輕進徑及成都兵分家滅已自招
之然以鍾會之智略稱為子房姜維陷之莫至尅捷
籌策相應優劣惜哉愚以為維徒能謀一會不慮窮

兵十萬難為制御美意播越矣

譔曰諸葛亮雖資英霸之能而主非中興之器欲一區區之蜀假已廢之命北吞強魏抗衡上國不亦難哉似宋襄求霸者乎然亮政脩民理威武外振爰迄琬禕遵脩弗革攝乎大國之間以弱為強猶可自保姜維才非亮匹志繼洪軌民𢘿其勞家國亦喪矣

華陽國志卷第七

華陽國志卷第八

大同志

古者國無大小必有記事之史表成著敗以明懲勸稽之前代州郡宜然自劉氏祚替金德當陽天下文明不及曩世近以多故族祖武平府君漢嘉杜府君竝作蜀後志書其大同及其喪亂然近在李氏未相條貫又其始末或有不詳第璩往在蜀櫛沐艱難備諳諸故事更敘次顯挺年號上以彰明德下以治違亂庶幾萬分有益國史以廣識焉

魏咸熙元年蜀破之明年也以東郡袁邵為益州刺

史隴西太守安平牽弘為蜀郡金城太守天水楊欣為犍為太守

後主既東遷內移蜀之大臣宗預廖化及諸葛顯等并三萬家於東及關中復二十年田租董厥樊建並為相國參軍冬分州置梁州遣厥建兼散騎常侍使蜀慰勞

晉泰始元年春刺史袁邵以治城將被徵故蜀侍郎蜀郡常忌詣相國府陳邵撫卹有方遠國初附當以漸導化不宜改易州將失遐外心相國聽留辟忌為舍人 冬十月晉武帝踐祚

二年春武帝弘納梁益引援方彦用故黄金督蜀郡
梆隱為西河巴郡文立為濟陰太守常忌河内縣令
四年故中軍士王富有罪逃匿密結亡命刑徒得數
百人自稱諸葛都護起臨卭轉侵江原江原方略吏
李高問術縛富送州刺史童策斬之初諸葛瞻與鄧
艾戰於錦竹也時身死失喪或言生走深逃瞻親兵
言富貌似瞻故富假之也
五年散騎常侍文立表復故蜀大臣名勳後五百家
皆依故官號為降　六年分益州南中建寧雲南永
昌興古四郡為寧州　七年汶山守兵呂臣等殺其

督將以叛族滅之初蜀以汶山西五郡北逼陰平武
督故於崄要置守自汶江龍鶴冉駹白馬氐種五圍
皆置脩屯牙門晉初以御夷徼因仍其守　八年三
蜀地生毛如白毫三夕長七八寸生數里
十年汶山白馬胡恣縱掠諸種夏刺史皇甫晏表出
討之別駕從事王紹等固諫不從與學從事蜀郡何
旅諫曰昔周宣王六月北伐者獫狁孔熾憂及諸夏
故也今胡夷相殘戎虜之常未為大患而盛夏出軍
水潦將降必有疾疫宜須秋冬圖之未晚晏不聽遂
西行麃入營中軍占以為不祥晏不悟胡康燒香言

軍出必敗晏以為沮衆斬之夏五月軍至都安屯觀坂上旅復諫曰今所安營地名觀坂自上觀下反上之象徵不吉昔漢祖悟柏人以免難岑彭惡彭亡而不去遂陷於禍宜移營他所晏不納其言夜所將中州兵蔡雄宣班張儀等以汶山道險心畏胡之強晏復愎諫于時衆庶所怨遂引牙門張弘督張衡等反殺晏衆夜亂不知所為惟兵曹從事犍為楊倉彎弓力戰射百餘發且詈雄衆擊之盡見殺從事廣漢王紹亦赴之死初晏未出蜀中傳相告曰井中有人學士靳普言客入東井井益州之分野憂刺史戒客人

耳又有猛風是逆風其日觀卦用事若軍西行䕶觀坂門人向天井益可慮也故旅懃諫云卒如其言弘等遂誣表晏欲率巳共反故殺之求以免罪其衆抄掠百姓廣漢主簿李毅白太守弘農王濬宜急救益州禍亂保晏無惡必為弘等所枉害濬從之而晏主簿蜀郡何攀以毋喪在家聞亂釋縗絰詣洛訴晏忠孝而弘等惡逆事得分明詔書因以濬為益州刺史加輕車將軍濬斬弘等益州平

咸寧三年春刺史濬誅犍為民陳瑞瑞初以鬼道惑民其道始用酒一斗魚一頭不奉他神貴鮮潔其死

喪產乳者不百日不得至道治其為師者曰祭酒父母妻子之喪不得撫殯入弔及問乳病者轉奢靡作朱衣素帶朱幘進賢冠瑞自稱天師徒衆以千數百瀰聞以為不孝誅瑞及祭酒袁旌等焚其傳舍益州民有奉瑞道者見官二千石長吏巴郡太守犍為唐定等皆免官或除名蜀中山川神祠皆種松栢瀰以為非禮皆廢壞燒除取其松栢為舟舡惟不毀禹王祠及漢武帝祠又禁民作巫祀於是俗無淫祀之俗教化大行有木連理嘉禾黃龍甘露之祥三月被詔罷屯田兵大作舟舡為伐吳計別駕何攀以為佃兵

但五六百人無所辨宜召諸休兵借諸郡武吏并萬
餘人造作歲終可成濬從之攀又建議裁舡入山動
數百里艱難蜀民冢墓多種松栢宜什四市取入山
者少濬令攀典舟舡器仗冬十月遣攀使詣洛表可
征伐狀因使至襄陽與征南将軍羊祜荊州刺史宋
庭論進取計　四年春漢中都吏龔祚等謀殺太守
姜宗以叛宗覺堅守祚等燒南鄭市及平民屋族誅
刺史濬當遷大司農至漢壽重遣參軍李毅詣洛與
何攀並表求伐吳　五年詔書并濬龍驤将軍假節
監梁益二州軍事除何攀郎中參軍事以典軍從事

張任趙明李高徐兆為牙門姚顯郄堅為督冬當大
舉秋攀使在洛安東将軍王渾表孫皓欲北侵請兵
朝議征却須六年攀同表可因今取之策皓必不自
逆帝乃許焉
冬十有二月濬因自成都帥水陸軍及梁州三水胡
七萬人伐吳臨發斬牙門将李延所愛待将也以爭
騎斬衆莫不肅至江州詔書進濬平東将軍都督二
州巴東監軍唐彬及平南軍皆受指授別遣參軍李
毅将軍由涪陵入取武陵會巴陵
太康元年春三月吳平攀毅以功封各有差以淮南

胡羆為益州刺史濬遷輔國將軍 初濬將征問靳普令行何如普對曰客星伏南斗中而太白歲星在西方占曰東方之國破必如志矣普學術不貪榮貴卒於布衣

三年更以益梁州為輕車刺史乘傳奏事以蜀多羌夷置西夷府以平吳軍司張牧為校尉持節統兵州別立治西夷治蜀各置長史司馬

五年罷寧州諸郡還益州置南夷校尉持節如西夷皆舉秀才廉良

八年武帝子成都王 穎受封以封蜀郡廣漢犍為汶

山十萬戶為王國易蜀郡太守號成都內史
元康六年復以梁益州為重州遷益州刺史栗凱為
梁州加材官將軍楊烈將軍趙廞為益州刺史加折
衝將軍　關中氐及馬蘭羌反寇天水略陽扶風始
平武都陰平發梁州及東羌鎮西討之不克益州遣
牙門馬玄尹方救援之以鹿車運成都米給軍糧八
年廞至州雖崇簡約而性實奢泰略陽天水六郡民
李特及弟庠閻式趙肅何巨李遠等及氐叟青叟數
萬家以郡土連年軍荒就穀入漢川詔書不聽入蜀
益州勑關禁之而戶曹李苾（按晉書李苾乃侍御史）開關放入

蜀布散梁州及三蜀界汶山興樂縣黄石北地盧水胡成豚堅安角成明石等與廣柔平康文降劉紫利羌有讎遂與蜂蜩羌郅逢等數千騎刼縣令求助討紫利太守楊邠撻殺豚堅而降其餘類遂叛殺長史冬西夷校尉西平麴炳表出軍遣牙門将孫眺為督護萬人征之戰于常安大為胡所破　九年炳以敗軍徵還晋夏用江夏太守陳揔為代胡退散

永康元年詔徵刺史廞為大長秋遷成都内史中山耿滕為益州刺史折衝将軍因廞所服佩刻廞以晋政衰而趙星黄占曰星黄者主陰懐異計蜀土四塞

可以自安乃傾倉賑施流民以收衆心以李特弟庠
衛六郡人勇壯厚邸遇之流民恃此專為刼盜蜀民
患之滕數密表流民剛𢡟而蜀人懦弱客主不能相
制宜移還其本土不者與東三郡隘地觀其情態漸
不可長將移秦雍之禍於梁益矣又言倉庫虛無以
應敵萬一告急必益聖朝西顧之慮由是廞惡滕州
被詔書已遣文武士千餘人迎滕滕以廞未出州故
在郡廞募庠黨羅安王利等刼滕大敗於廣漢宣化
亭綏傳詔者滕議欲入州城功曹陳恂諫曰今州郡
竝治兵怨遘日深入城必有大禍不如安住少城檄

諸縣合村保以備秦氏且覩其變不爾可退住鋋為
西渡江原以防非常滕不從冬十有二月滕入城登
西門歊遣親近代茂取滕茂告之而去歊又遣兵討
滕滕軍敗績自投少城上吏左椎負滕子竒依民宋
寧藏歊購千金寧不出尋歊敗得免郡吏皆竄走惟
陳恂面縛詣歊請滕死喪歊義而不殺也恂與戶曹
掾常敞共備棺瘞之　歊又遣軍逆陳摠摠至江
陽聞歊有異志主簿趙模進曰今州郡不恊必生大
變惟當速行府是兵要助順討逆莫有動者也摠更
緣道遲留至南安魚涪津以與歊軍遇白摠散財貨

募士卒距戰若克州軍則州可得不克順流而退必
無害也擿不能更曰趙益州忿耿侯故殺之與吾無
嫌何為如此模曰今州起事必當立威雖不戰無益
也言至垂涕擿不聽衆拖擿逃草中模衣擿服格戰
廞兵殺模見非擿乃搜求擿殺之廞自稱大將軍益
州牧以武陽令蜀郡杜淑别駕張粲巴西張龜西夷
司馬襲尼江原令犍為費遠等為左右長史司馬參
軍徙犍為太守李庠為威寇將軍召臨邛令涪陵許
弇為牙門將召諸王官莫敢不往又以廣漢太守張
徵汶山太守楊邠成都令費立為軍祭酒時庠與兄

弟流驤妹婿李含天水任回上官晶按晉書作上官惇扶風

李攀始平費佗氏符成隗伯董勝等四千騎在北門

廞使庠斷北道庠素東羌良將曉軍陳不用麾幟舉

矛為行五斬部下不用命者三人部陣肅然廞等忌

之遂於會所斬庠及其兄子弘等十餘人慮特等為

變又命為督將安慰其軍還特庠喪其夜特流徹衆

散歸綿竹廞遣故陰平令張衡外還費恕就綏納皆

為特所殺牙門將許弇求為巴東監軍杜淑張粲固

執不許弇怒於州閤下手刃殺淑粲即亦殺弇二子

廞腹心也永寧元年春正月廞遣萬餘人斷北道次

綿竹以長史費遠為繼前軍宿石亭特等相合得七百餘人夜襲之因放火殺廞軍略盡進成都城中恟懼中郎常美（按晉書曰督護常俊）與費遠李苾張徵等夜斬關委廞走文武散盡廞獨與妻子乘小舡順水至廣都為下人朱笁所殺廞字和叔本巴西安漢人也祖世隨張魯內移家趙趙王倫器之歷長安令天門武陵太守來臨州長子昺在洛亦見誅　特流至成都殺西夷護軍姜發及襲尼相都令袁治因大抄掠遣牙門王角李基詣洛表廞罪初梁州刺史羅尚聞廞反表廞非雄才又蜀人不願為亂必無同者事終無成

敗亡可討曰而侯惠帝因拜尚平西將軍假節領護西夷校尉益州刺史給衛節兵一千梁州兵二千又配尚書都尉義部千五百人合四千五百人遷犍潼太守樂陵徐儉爲蜀郡太守楊烈將軍隴西辛冉爲廣漢太守　羅尚文表請牙門將王敦兵七千餘人入蜀特等聞尚來甚懼使弟驤奉迎特厚進寶物尚以驤爲騎督特流奉牛酒勞尚於綿竹王敦說尚曰特等流人專爲盜賊急宜梟除可因會殺之辛冉本趙王倫所用非資次召當還欲討賊以自新亦言之尚不納冉又謂特曰按晉書曰冉與特有舊故人相逢不吉當

亾特白精懼三月尚至州治汶山羌反於都安之天
拭山遣王敦討之殺數千人敦單馬馳為羌所殺
御史馮該張昌攝秦雍州從事督鄖移還流民從者
萬餘家而特兄輔素留鄉里託言迎家既至蜀因謂
特曰中國亂不足還遣天水閻式累請尚求䂓領校
權停至秋（按晉書羅尚催遣流人彙皆愁怨特遣式詣尚固請至秋收佚流人有所行資由是）
（流人感特竝特兄弟）進皆賂於尚該許之及秋又求至冬辛
冉李苾以為不可必欲移之式為別駕杜弢說尚逼
移利害弢亦欲寬民一年辛冉李苾以為不可尚從
之弢故秀才板出還家知計謀不行故也　時有白

虹頭在井里尾在東山拖大城上治中從事巴西馬休問閻式曰此何祥也式曰占言下有萬屍氣甚迫於城非佳應天孽可違乎平西若能寬逆民災自消矣冉苾又白尚流民前歃亂際多所枉没宜因移設關以奪取之秋七月尚移書梓潼所在抱關八月關皆城閻式曰無寇而城讎必保之蜀將亂矣九月遣軍軍綿竹揚言種麥實備越逸冉又購特流首百疋特讓悉更其購云能送六郡大姓閻趙任楊李上官及氐傁梁竇符隗董費等首百疋流民本無還意大驚駭趣特冬十月特流乃保赤祖為二營特稱鎮北

益州流鎮東皆大將軍兒輔驃騎弟驤驍騎特長子
蕩鎮軍少子雄前軍李含西夷校尉含子國離及任
回上官晶李攀費佗皆將軍以天水任藏上官惇楊
褒楊發楊珪王達麴歆陰中李遠武都李博略陽夕
斌等參佐而閻式何巨趙肅亦為賓從其餘皆有官
號辛冉遣護軍曾元攻之為特所殺尚遣督護田佐
牙門劉竝助冉復敗進圍廣漢尚復遣犍為太守李
苾長史費遠費冉不能克冉託罪於綿竹令南郡岐
苞斬之而潰圍走德陽特等得廣漢詐為表奏稱引
梁統惟舉竇融故事以自貴大尚書檄告喻閻式式

荅曰辛冉傾巧杜景狂發曾元小豎田佐血氣不治李叔平才輕廊廟無將帥之氣討羸之羌謂可長爾式前為節下及杜景文論留徙之宜人懷桑梓孰不願之但往初至隨穀庸債一室五分復值雨潦乞須冬熟而不見聽必窮鹿抵虎但恐繩之大過逆民不肯延頸受刀其憂在後即聽式言寬使治嚴不過去九月盡集十月生進道令達鄉里何有如此也雅聽未察卹彼過言今辛冉奴亡叔平長遯支分勢解事漸及已所謂不寤曲突遠薪而有焦爛之客也尚率其民盡渡郫水以南尚阻長圍自都安至犍為七伯

里捍特等保廣漢太安元年春尚牙門夏匡攻李
特於立石失利征西遣督護衙博討特博次梓潼晉
復拜前廣漢太守張微廣漢太守攝德陽尚遣督護
巴西張龜督四十牙門軍繁城博方遣參軍蒙紹誘
特降尚貽博書曰昔年得李流牋降心款款由時威
帖得還為寇聞特委誠於下吏而流驤七八千人衆
寇日至姦凶之態詭譎不測不可不重以持之也博
不從故為特所破於陽沔梓潼太守張演委倉庫走
巴西巴西郡丞毛植五官襄珍舉郡降特衙博才蒸
文武征西大將軍河間王深器之初為陰平太守為

從事巴郡毛扶所怨梁州人及西征征西許雄以陽沔之没寇尚未至聞鶴鳴便退博欲委罪梁州託以自不供給梁州治中表之博以是得罪晉乃更用許雄為梁州刺史　八月特破德陽流次成都北上李驤在毗橋尚遣將張興偽降於驤覘士衆虚實還以告尚尚遣精兵襲驤破之流驤并衆攻尚軍軍失利喪其器甲晉梁州刺史許雄數遣軍討特特備嶮不得進征西乃遣監軍劉沈將西征以中國有事不果而南夷校尉李毅遣傻兵助尚軍數挫特勢日盛二年春正月朔特攻尚水上軍特從盘底渡黨從從赤

水渡入郫及水西南緣江守軍皆散走太守徐儉逼
降尚保大城流軍進屯江西之檢上蜀民懼先已結
村保特分人就主之雄書諫特收質任無得分散猛
銳流亦諫之特怒曰大事已定但當安民何緣疑動
而刼害不止尚從事蜀郡任督（按晉書作任明）說尚曰侵暴
百姓又分人衆散在諸村怠忼無備殆天亡特之秋
也可告諸村密剋戰日內外擊之破特必矣尚從之
從繼出督使宣告諸村期二月十日同時討特手
書隱語曰在彼楊水督先詣特降究觀虛實特問城
中督曰米穀已欲盡但有貨帛耳因求省家特與啓

信諸村悉從督督還報尚如期出軍討特諸村亦起大殺特衆破退追及於繁之官桑斬特及兄輔遠等李流欽餘衆還赤祖尚乗勝但施遊軍征盪傳特首洛陽焚其屍　李雄以李離為梓潼太守衆還赤祖推流為大將軍大都督而荆州刺史宋岱水軍三萬助尚次墊江前鋒建平太守孫阜破特德陽守將騫碩太守任臧徑至涪　三月尚遣督護張龜何冲左汜等軍繁城而綿竹降涪陵民藥紳杜阿應尚尚又遣督護常深軍毗橋為流驤禦蕩雄攻紳深破驤殺李攀弟恭復為主左汜黄閭逼攻特北營營中氐羌

因符成隗伯石定叛應汜閭攻蕩雄蕩毋羅操甲略
陳伯手刃羅傷目壯氣益烈又時成伯戰於内汜閭
攻其外自晨至日中營壘欲破會流破深蕩雄破紳
還適與汜閭會大破之成伯將其黨突出詣尚蕩策
馬追退軍為傻長矛所樁死羅雄秘不發喪以安衆
心流以特蕩死而岱阜並至恐懼李含勸流降流從
之雄與驤諫之不納遣子世及含子胡質於阜李離
聞父舅將降自梓潼還欲諫不及雄與離謀襲阜曰
若功成事濟當為人主要三年一更雄曰與君計雖
定老子不從若何離曰當制之若不可便行大事雖

君叔勢不得已老父在君夫復何言雄乃說六郡人
士激以尚之自侵懼以共殘蜀民之禍陳阜可富貴
之秋得以破阜阜軍死者甚衆而岱病亡荊州軍退
轉攻尚流慙其短軍事任雄雄數破尚軍保大城夏
四月尚殺隱士劉敞敞故州牧劉璋曾孫也隱居白
鹿山高尚皓首未嘗屈志亦不預世事尚信祅言殺
之殺之日雷震人大雨城中出水　五月李流降于
孫阜遣子為質不可乃舉兵與李離襲阜阜軍敗績
宋岱病卒墊江州軍退雄逼攻尚尚保大城中　六
月雄從帛羊頽渡攻殺汶山太守陳圖據郫城　秋

七月朔雄入郫城流盡移營據之三蜀民流迸南入東下野無煙火鹵掠無處亦尋饑餓唯涪陵民千餘家在江西依青城山處士范賢自守　平西參軍涪陵徐轝求為汶山太守撫帥江西民與尚掎角討雄尚不許轝怨之求使江西因叛降雄雄以為安西將軍給其軍糧雄得以振　九月流病死雄復稱大將軍都督州牧尚數攻郫雄使武都朴泰譎尚曰李驤與雄以饑餓孤危日闘爭相咎驤欲將民江西食穀若潛軍來我為內應可得也尚以為然大與金寶泰曰今事故未立效後取不晚也又求遣人自隨覘伺

尚從之秦要發火遣隗伯諸軍攻郫驤使道設伏以長梯上伯軍伯軍見火起皆爭緣梯雄因放兵擊之大破尚軍雄徑追退夜至城下稱萬歲曰已得郫城矣入少城尚乃覺保大城　驤別攻犍為斷尚運道獲太守武陵龔恢恢為天水西縣令任回為吏回問曰識故吏不恢曰識汝耳郡吏星散惟功曹楊渙侍衛回謂曰卿義人也吾力恐不能救龔君不能免卿也宜早去渙曰背主求生何如守義而死遂并見殺以李溥為犍為太守雄生獲伯知其傷死創也伯女為梁雙妻為已用故不殺　閏十二月尚糧運不繼

而被攻急夜退牛鞞水東下留牙門張羅持城終夜
比雄覺去已遠倉卒失節鉞羅持從後得之并護資
應雄得成都　梁州刺史許雄以討賊不進檻車徵
詣詔獄惟護軍與漢國太守杜孟治都戰帥趙汶荊
州太守梓潼闕守漢中元興元年春正月尚至江楊
軍司卒賓詣洛表狀詔書權統巴東巴郡涪陵三郡
供其軍賦　冬尚移屯巴郡遣軍掠蜀中斬雄從祖
冉獲驤妻昝子壽兄弟　十二月雄大尉李離伐漢
中殺戰帥趙汶　永嘉元年春尚施置關戍至漢安
僰道　時益州民流移在荊湘州及越巂牂牁尚書

置郡縣就民所在又施諸村叅軍　三月關中流民鄧定訇氏等掠漢中冬辰勢以叛巴西太守張燕帥牙門武肇漢國郡丞宣定遣兵圍之氐求救於李雄夏五月雄遣李離李雲李璜李鳳入漢中救定杜孟治聞離至命燕釋圍保州城初燕攻定定衆饑餓僞降送金一罌與燕燕納之居七日氐至定還冬辰勢燕進圍之不聽孟治言離至先攻肇營破次攻定又破之燕懼戰將百騎走離等太破州軍牙門蔡松退告孟治曰州軍以破賊衆不可待也孟治怖護軍欲城守謂孟治曰賊來雖衆客氣之常㮈區區有東

南之過必不分宿兵於外不過迎援定氐耳孟治曰不然雄冒稱帝王縱橫天下以遣重衆必取漢中雖有牢城士民破膽不可與待寇也乃開門退走護軍北還孟治入大桑谷民數千家車數千兩一夜行纔數十里而梓潼荆子以父與孟治有隙合子弟追之及於谷口孟治棄子走荆子獲之及吏民千餘家惟漢國功曹毋建荷檐仗曰吾雖不肖一國大夫國亡不能存終不屬賊也餓死谷中積十餘日離等引還漢中民句方白落率吏民還守南鄭　二年詔書録尚討特功加散騎常侍都督二州進爵夷陵侯長子

守以佩奉車都尉并次子延壽騎都尉　梁州以雄所破壞晉吏以皇甫商爲梁州商不能之官吏用順陽内史江夏張光爲刺史治新城　漢中民逼李鳳寇掠東走荆沔三年冬天水訇琦張金苟略陽羅羕殺雄太尉李離降尚雄太傅驤李雲李璜攻羕爲所破殺雲璜雄從弟也爲司空　十有二月琦等送離母子於尚尚斬之分其室　四年天水文石殺雄太宰李國以巴西降尚梓潼巴西還蜀　初巴西譙登詣鎮南請兵鎮南無兵表爲揚烈將軍梓潼内史義募三巴蜀漢民爲兵克復州郡先征宕渠殺雄巴西

太守馬脫還住涪折衝将軍張羅進據犍為之合水
巴蜀為語曰譙登治涪城文石在巴西張羅守合水
巴氏邪得前　秋七月尚甍于巴郡尚字敬之一名
仲字敬真襄陽人也歷尚書丞郎武陵汝南太守徙
梁州臨州詔書除長沙太守　下邳皮素字泰混為
益州刺史兼西夷校尉揚烈将軍領義募人及平西
将軍當進治三關時李驤急攻譙登素次巴東勑平
西将軍張順楊顯救登尚子宇恚恨加登糧運不給
素至涪欲治執事執事懷懼冬十有二月素至巴郡
降人天水趙攀閻蘭等夜殺素建平都尉暴重殺宇

及攀巴郡亂不果拯登三府官屬上巴東監軍冠軍
將軍南陽韓松為刺史校尉治巴東　五年春正月
李驤破涪城獲登巴西梓潼復為雄有　荆湘有亂
氐符成隗文作亂宜都西上巴東雄衆攻㭬道走犍
為太守魏紀殺江陽太守姚襲二月氐隗文等反於
巴東暴重討之未下重殺刺史韓松松字公治南陽
人也隗文司徒暨孫也自領三府事　三月三府文
武與巴東太守史共因重及妻子於宜都殺之共表
巴郡太守張羅守景治行三府事羅治枳自討隗文
於宮圻破降之旬月復叛刼巴郡太守黄龕託以為

主龕窮急自殺主簿楊預諫曰文之宿惡江川所知
拘刼明府誰不危心虛假之名孰當信之可使張將
軍知其丹誠何遽如此龕曰賊已道斷何緣得令景
治知之預乃作龕書遣弟逃氏詣羅維曰子宣宣城
吾自明之耳隗文聞怒因龕執預問遣信伏龕曰不
遣也文乃考預一日夜預不言文欲殺龕預死杖下
文義之赦龕羅遣軍討之破還羅自討之敗績身死
羅河南梁人也巴中無復餘種矣文馳略吏民西上
降樵將任回獲犍為太守魏紀三府文武共表平西
司馬王異行三府事又領巴郡太守梁州刺史張光

復治漢中　六年龍驤将軍江陽太守犍為張啓與
廣漢羅琦共殺異異字彥明蜀人也啓復行三府事
羅琦行巴郡太守啓病亡啓字進明犍為人蜀車騎
将軍張翼孫也三府文武復共表涪陵太守義陽向
沈行西夷校尉吏民南入涪陵　建興元年春沈卒
涪陵多疫癘蜀郡太守江陽程融宜都太守犍為楊
芬西夷司馬巴郡常歆都安令蜀郡常倉弘等共推
汶山太守涪陵蘭維為西夷校尉　時中原既亂江
東有事捄援無所顧望融等共率吏民北出枳欲下
巴東遂為雄将李恭費黑所破獲五月梁州刺史張

光討王如黨涪陵李運巴西王建於盤蛇便作山疑
其欲叛也運建走保枸山光遣軍攻破殺之建女聟
楊虎保黄金山以叛討之虎夜棄營還趣厄水去州
城四十里住光遣其子孟萇討之迭有勝負光求助
於武都氐王楊茂搜虎亦求救於茂搜初茂搜子難
敵遣養子適賈梁州私買良人子一人光怒鞭殺之
難敵以是怨光曰使君初来大荒之後兵民之命仰
我氐活氐有小罪不能貰也陰謀討光會光虎求救
秋八月茂搜遣難敵將騎入漢中外言助光内實應
虎至州城下光以牛酒饗勞遣與子孟萇共討虎孟萇

自虎前難敵繼後與虎戰久難敵從後擊子曼長大破生禽孟萇殺之　九月光悉死州人共推始平太守胡子序領州　冬十月虎與氐急攻州城子序不能守委城退走氐虎得州城發光塚焚其屍喪難敵得光鼓吹妓樂自號刺史虎領吏民入蜀漢中民張咸等討難敵難敵退還咸後入蜀於是三州沒為雄矣

蜀自太康至于太安頻怪異成都北鄉有人嘗見女子辟入草中往視物如人有身形頭目口無手足能動搖不能言廣漢有馬生角長大各半寸又有驢無皮毛袒肉飲食數日死繁什邡郫江原生草高七八

尺莖葉赤子青如牛角内史耿滕以為朱草表美於

成都王元康三年正月中欻一夜有火光地仍震童

謡曰郫城堅盎底穿郫中細子李特細又曰江橋頭

闕下市成都北門十八字及尚在巴郡也又曰巴郡

葛當下美巴郡皮素之西上也又曰有客有客來侵

門陌其氣欲索武平府君云譙周言巴没三十年後

當有異人入蜀蜀由之亡蜀亡之歲去州三十三年

又曰宋岱不死則孫阜不交市三旬之間流雄之首

懸於轅門愚以為宋岱方進阜見得質及更推敗設

岱生在無所保據矣杜弢自湘中與柳監軍書曰前

諸人不能寬宥特一年又不以徐士權為汶山太守

而屯故如此謂失之毫釐差以萬里斯言有似然必

以不枉漸為恨者流民初西當承詔書閉關不入其

次易代趙廞選宜內遣平西綿竹之會聽王敦之計

少可以寧毫釐之覺非彼之謂也

譔曰先王規方萬國必兼親尊賢能而任宗盟者蓋

內藩王室外禦叛侮故元牧有連率之職奉貢無失

職之愆爰及漢氏部州必卿佐之才郡守皆台鼎之

望是以王尊王褒著名前世第五倫蔡茂徑登三司

斯作遠之准格不凌之令範也自大同後能言之士

無不以西土張曠為憂求　王皇宗樹賢建德于時莫

察視險若夷鈌垣不防任非其器啓戎長寇遂覆三

州詩所謂四國無正不用其良也

華陽國志卷第八

華陽國志卷第九

李特雄壽勢志

李特字玄休略陽臨渭人也祖世本巴西宕渠賨民種黨勁勇俗好鬼巫漢末張魯居漢中以鬼道教百姓賨人敬信值天下大亂自巴西之宕渠移入漢中魏武定漢中曾祖父虎與杜朴胡約楊車李黑等移于略陽北土復號曰巴人　特父慕為東羌獵將特兄弟五人長兄輔字玄政次特特弟庠字玄序庠弟流字玄通流弟驤字玄龍皆鋭驍有武幹特長子蕩字仲平好學有容觀少子雄字仲儁初特妻羅氏夢

雙虹自門昇天一虹中斷羅曰吾二兒若有先亡在
者必大貴雄少時辛冉相當貴有劉化者道術士也
言關隴民皆當南移李氏子中惟仲儁天姿奇異終
為人主鄉里人多善之與叔父庠並以烈氣聞人多
歸之既克成都衆皆饑餓驤乃將民入郪王城食穀
芋雄遣信奉迎范賢欲推戴之賢不許更勸雄自
立　永興元年冬十月楊驤楊珪共勸雄稱王雄遂
稱成都王追尊曾祖庸曰巴郡桓公祖慕隴西王父
特景王母曰太后追謚世父輔齊烈王仲父庠梁武
王仲父流秦文王兄蕩廣漢壯文公以叔父驤為太

傅庶兄始為太保外兄李國為太宰國弟離為大尉
從弟雲為司徒璜為司空閻式為尚書令驤為僕射
發為侍中珪為尚書洪為益州刺史徐輿鎮南王達
軍師具置百官下赦建元太武迎范賢為丞相從弟
置流子也以不陪列誅之賢既至尊為天地太師封
西山侯復其部曲軍征不預租稅皆入賢家賢名長
生一名延久又名九重一曰支字元涪陵丹輿人也
光熙元年雄稱皇帝改元晏平　永嘉三年羅羕訇
琦等殺李離於梓潼時閻式去雄依離并見殺驤攻
不克時李雲李璜皆戰死　明年文碩殺李國以巴

西梓潼為晉平寇將軍李鳳在晉壽　梁州先已為雄所破不守而譙登在涪平西參軍向奮屯漢安之宜福張羅屯平無（後漢書越巂郡有會無城）逼雄雄將張寶弟全在訇琦中雄遣寶反為奸許以代離寶素凶勇先殺人而後奔梓潼密結心腹會羅尚遣使慰勞琦琦等出送其使寶從後閉城門琦等奔巴西雄得梓潼拜寶為大尉雄自攻奮奮走遣驤攻登登初將驤子壽欲以誘驤被攻急救援不至還驤壽　五年春驤獲登遣李始督李鳳攻巴西殺文碩是歲雄姨弟任小受張羅募手刃雄頭雄幾死改元玉衡是後扶風鄧

芝楊虎等各率流民前後數千家入蜀以鳳為征北梁州任回鎮南南夷寧州李恭征東南蠻荊州皆大將軍校尉刺史雄驤勸郵百姓於內屬同恭招流民於外稱有功氐符成隗文既降復叛手傷雄母及其來也咸釋其罪厚加待納皆以為將天水陳安舉隴右來降武都氐王楊茂搜奉貢稱臣杜弢自湘州使使求援晉涼州刺史張駿遣信交好漢嘉夷王冲遣子入質貢之朱提審炤率民歸降建寧爨量蒙嶮委誠其餘附者日月而至雄乃虛己受人寬和政役遠至邇安年豐穀登乃興文教立學官其賦民男丁一

歲穀三斛女丁一斛五斗疾病半之戶調綃不過數丈綿不過數兩事少役稀民多富實至乃閭門不閉路無拾遺獄無滯囚刑不濫及但為國威儀無則官無秩祿職署委積班序無別君子小人服章不殊貨賄公行懲勸不明行軍無號令用兵無部伍其戰勝不相讓敗不相救攻城破邑動以虜獲為先故綱紀莫稱　李鳳在北數有戰降之功時蕩子稚屯晉壽害其功　大興元年鳳以巴西叛驤討之久住梓潼不敢進雄自至涪驤遂斬鳳以壽代鳳以知州征事二年驤伐越嶲又分伐朱提二三年獲太守西夷校

尉李劍　夏進伐寧州大敗於螳螂還　初氐王楊茂搜子難敵堅頭為劉曜所破奔晉壽晉壽守將李稚蕩第二子也受其賂遺不送成都曜既引還稚遣難敵兄弟還武都遂即叛稚稚悔失計連白雄求伐氐雄許之羣臣多諫雄不從遣稚兄琀以侍中中領軍統稚攻難敵由白水道壽遣田稚弟玝由陰平入二道討氐難敵等先拒壽玝玝壽不進而琀稚徑至下辨以深入無繼大為氐所破稚琀皆死死者千餘人雄深自咎責以謝百姓琀蕩之元子有名望志尚雄欲傳以後嗣甚痛惜之雄妻任無子養琀弟班為

子　雄自有庶子十五人羣臣上立嗣雄曰孫仲謀
割有江東伯符基兆子止侯爵國志耻之宣公舍子
立弟君子以為知人吾將彌縫國志之耻以繼宣公
之美驤與司徒王達諫以為不可雄不從　永昌元
年冬〻立班為太子驤泣曰亂始於是矣　泰寧元年
越嶲斯叟反攻圍任回及太守李謙遣其征南費黒
赦之　咸和元年夏斯叟破　二年謙移郡民於蜀
三年冬〻驤死追贈相國謚曰漢獻王壽以喪還拜玗
征北梁州代壽以班行撫軍將軍脩晉壽軍屯　五
年拜壽都督中外諸軍大將軍中護軍西夷校尉録

尚書摠統如驟　冬、壽率征南費黑征東任邵伐巴東至建平監軍毋丘奥退保宜都六年春壽還遣任邵屯巴雄以子越為車騎住廣漢　秋壽代陰平冬城涪縣　七年秋壽南征寧州以費黑為司馬與邵攀等為前軍由南廣入又別遣任回子調由越嶲冬、十月壽黑至朱提朱提太守董炳固城寧州刺史尹奉遣建寧太守霍彪大姓爨深等助炳時壽已圍城欲逆拒之黑曰料城中食少霍彪等雖至齎糧不多宜令入入城共消其穀猶嫌其少何緣拒之彪等皆入城城久不下壽欲急攻之黑諫曰南道險俗好

反亂宜必待其詐勇已困但當日月制之全軍取勝
以求有餘涸牢之物何足汲汲也壽必欲戰果不利
乃悉以軍事任黑八年春正月炳虎等出降威震十
三郡　三月刺史尹奉舉州委質遷奉於蜀壽領寧
州南夷初平威禁甚肅後轉凌掠民　秋建寧州民
毛衍羅屯等反殺太守邵攀牂牁太守謝恕舉郡為
晉壽破之　九年春分寧州置交州以霍彪為寧州
建寧爨琛為交州刺史　封壽建寧王張駿使參軍
傅頴治中張淳遺雄書勸去尊號稱藩於晉雄引見
謂曰吾過為士大夫所推然本無心於帝王也貴州

將令行河沙常所希冀進思共為晉室元功之臣退思共為守藩之將掃除氛埃以康帝宇而晉室陵遲德聲不振引領東望有年月矣會獲來貺情在闇室有何已已頡淳以為然使聘相繼　巴郡嘗告急云有東軍雄曰吾常慮石勒跋扈侵逼琅琊以為耿耿不圖乃能舉軍使人欣然雄之雅談多如此類　三月壽還夏六月癸亥雄疾病卒時年六十一僞謚曰武帝廟稱太宗凡自立三十年　冬十二月丙寅葬成都墓號安都陵也

班字世文蕩第四子也少見養於雄年十六立為太

于好學愛士每觀書傳謂其師友天水文夔隴西董
融等曰吾見周景王太子晉魏太子丕吴太子孫登
文章鑒識超然卓絶未嘗不有慙色何古人之難及
乎進止周旋勤於咨問但性輕躁失在田獵　甲子
龔位玝来奔喪勸遣雄子越還江陽而欲令期代巳
知北事班以未葬不許遣玝還涪　冬十月癸亥期
越殺班於臨次并殺班仲兄領軍都弟玝奔晉期僞
謚班曰戾太子壽追謚曰哀皇帝子幽頵為期所殺
班兄弟五人皆兵死四人無後玝在晉歷巴郡襄陽
宜都太守龍驤將軍永和三年從征西於山陽戰死

也期字世運雄第四子也母冉賤雄妻任養為子少攻學問有容觀雄時令諸子各募合部曲多者纔得數百人而期獨得千餘人為安東将軍雄亡越自江陽来赴喪兄弟怏怏既以班非雄所生又慮班不利已與兄越密謀圖班太史令韓豹上言宮室有陰謀兵氣戒在親戚班不悟遂因夜哭越殺班期自立以越為相國與壽幷録尚書事進壽大都督徙封漢王使討玝於涪封越建寧王以仲兄霸為中領軍鎮南弟保鎮西西夷校尉汶山太守從兄始征東代越皆大将軍　玝走即拜壽梁州知址事　咸熈元年春

正月立妻閻氏為后下赦改元王恒　秋以司隸景騫為尚書令征南費黑為司隸班舅羅演為僕射舅羅演與漢王相天水上官澹謀襲期立班子幽謀泄殺澹幷誅班母羅琀子礹稚妻昝二年忌從子載多才藝託他事誅之而霸保皆暴病死於是大臣自疑骨肉不相親而期志益廣忽慢公卿政刑失錯四年夏四月壽自涪還襲期假以誅越騫為言越請散財募士格戰期謂壽不自薄不許既誅越騫初廢期為邛都縣公　五月乃殺期及誅李始等殺兄弟十餘人期死時年二十四謚曰幽王　五年徙其妻

子於越嶲勢又使入就越嶲誅其子　壽字武考有
幹局愛尚學義志度少殊於諸子雄奇之自代父為
將志在功名故東征南伐每有効事雄疾病侍疾左
右左右侍臣造雄顧命寄託於壽　期之殺班也李
始初欲附壽圖共討期壽不敢始怒說期取壽憚李
玝在北欲藉壽討之故許壽既受漢封北伐玝告以
去就利害假道故玝得由巴順水東下吳壽雖代玝
鎮涪歲終當入朝覲常自危嫌輒造漢中守將張才
急書告方外寇警　咸康二年冬北入漢中破走司
馬勳壽見期越兄弟十餘人年方壯大而手下有強

兵懼不自全數聘命高士巴西龔壯壯雖不應恐見害不得已數見壽時岷山崩江水竭壽緣劉向之言而惡之每謀壯以自安之術壯之父及叔皆為特所殺欲假手報讎未有其由因説立事何如舍小從大以危易安開國裂土長為諸侯名高桓文勳流百代矣壽從之陰與長史略陽羅恒巴西解思明共謀據成都為晉稱藩會養弟攸從成都病還死道中乃佯言越藥殺之又詐造妹婿任調書言期越當廢壽以惑羣下羣下信之乃誓文武許賞城中資財得數千人南攻成都子勢為開門内應遂獲期越誅其宗族

十餘人兵入虜掠民家奸淫雄公主及李氏諸婦多
所殘害數日乃定恒與思明及李弈王利等勸壽稱
鎮西將軍益州牧成都王以壯為長史告下又勸令
送期於晉任調與司馬蔡興侍中李艷及張烈等勸
壽自立壽亦生心遂背思明所陳之計稱漢皇帝尊
父驤曰獻帝母昝氏曰太后下赦改元漢興以恒為
尚書令思明為廣漢太守任調鎮北梁州知東羌校
尉李弈鎮西西夷校尉更代諸郡及卿佐皆用宿人
及巴叅佐省交州以從子權為鎮南南夷寧州於是
成都諸李子弟無復秉兵馬形勢者雄時舊臣及六

郡人皆斥廢也　秋七月李弈從兄乾與大臣合謀欲廢壽壽懼使子廣與大臣盟要為兄弟進李閎為征東荆州移鎮巴郡　八月天連陰雨禾稼傷損百姓饑疫草莽臣龔壯上封事曰臣聞陰德必有陽報故于公理獄高門待封伏惟獻皇帝寬仁厚惠宥罪甚衆靈德洪洽誕鍾陛下陛下天性忠篤愛遺建節志齊周霍誠貫神明而志緒違理顛覆顧命管蔡既興讒諛滋蔓大義滅親撥亂濟危上指星辰昭告天地歃血盟衆舉國稱藩天應人悅白魚登舟霆震助威烈風順義神誠允暢日月光明而論者未喻權時

定制淫雨氾潰垂向百日禾稼損傷加之饑疫百姓
愁望或者天以監示陛下又前日之舉止以救禍陛
下至心本無大圖而今久不變天下之人誰復分明
知陛下本心者哉且玄宮之讖難知而盟誓顧違一
旦疆埸有急內外騷動不可不深思長久之策永為
子孫之計也愚謂宜遵前盟誓結援吳會以親天子
彼必崇重封國歷世雖降階一等永為靈德宗廟相
承福祉無窮君臣銘勲於上生民寧息於下通天下
之高理弘信慎之美義垂拱南面歌詩興禮上與彭
韋爭美下與齊晉抗德豈不休哉論者或言二州人

附晉必榮六郡人事之不便昔豫州入蜀荆楚人貴
公孫述時流民康濟及漢征蜀殘民太半鍾鄧之役
放兵大掠誰復別楚蜀者乎論者或不達安固之基
惜其名位在昔諸侯自有卿相司徒司空宋魯皆然
及漢藩王亦有丞相令義歸彼但當崇重豈當減削
昔劉氏郡守令長方仕州郡者國亡主易故也今日
義舉主榮臣賴寧可同日而論也論者又謂臣當為
法正陛下覆臣如天養臣如地恣臣所安至於名榮
漢晉不處臣復何為當伴法正論者或言晉家必責
質任及徵兵伐胡何以應之案晉不煩尺兵一國來

附威卷四海廣地萬里何任之責胡之在北亦此之
憂令平居有東北之虞縱令徵兵但援漢川猶差二
門耳臣託附深重忘疾病之穢實感殊遇冀以微言
少補明時常懼殞歿不寫愚心辜負恩顧謹進悾悾
伏願罪戮壽不悅然拘前言秘藏之　九月僕射任
顔雄妻弟也謀反誅并殺雄子約等　五年春二月
晉將伐巴郡獲李閎閎恭子也初受許自牛鞞以東
土斷與閎執政者以為不可乃止復不益兵故覆沒
閎弟豔以是怨故與朝右有隙是時壽疾病恒思明
等復議奉晉討尋巴郡破壽以為附晉晉當以兵威

故不能自斷遂輟計　三月拜李奕鎮東代閎　夏建寧太守孟彥率州人縛寧州刺史霍彪於晉舉建寧為晉遣右將軍李位都討之時權在越嶲　秋又遣尚書廣漢李攄為御史入南中攄祖毅晉故寧州刺史以向與南人有舊故遣之攄從兄演自越嶲上書勸壽歸正返本釋帝稱王壽怒殺之車騎將軍王韜為參軍右車騎將軍王韜為參軍九字前後文不相屬不知記何事也今仍舊本存此九字於後以待攷

晉康帝建元元年壽卒勢立改元太和太史令韓皓上言熒惑守心乃宗廟不修之譴勢乃更命祀成始

祖太宗皆謂之漢勢之弟大將軍廣以勢無子求為太弟勢不許馬當解思明固請許之勢疑與廣有謀收當思明斬之廣自殺思明被收歎曰國之不亡以我數人在也今其殆矣思明有智略敢諫諍馬當素得人心及其死士民無不哀之冬李奕自晉壽舉兵反單騎突門門者射殺衆潰勢大赦境内改年嘉寧勢驕淫不卹國事中外離心蜀土無獠（魯皓切西南夷別族）至是始從山出自巴至犍為梓潼布滿山谷大為民患加以饑饉境内蕭條三年春二月桓温伐蜀軍至青衣勢大發兵遣昝堅等將之（昝子感切姓也）自山陽趣合水

諸将欲設伏江南以待晉兵昝堅不從引兵自江北
鴐鴦碕渡向犍為（碕渠覊切曲岸曰碕）温自将步卒直指成都
昝堅至犍為乃知與温異道還自沙頭津濟北至温
已軍於成都之十里陌堅衆自潰勢悉衆出戰于笮
橋（笮音昨）中書監王嘏散騎常侍常璩勸勢降勢乃夜
開東門走至葭萌使散騎常侍王幼送降文於温勢
至建康封歸義侯
李氏自起事至亡六世四十七年正僭號四十三年
蜀中亦有怪異期時有狗豕交木冬榮勢時涪陵民
樂氏婦頭上生角長三寸凡三截之又有民馬氏婦

娠身兒脇下生其母無恙兒亦長育有馬生駒一頭二身相着六耳一牡一牝又有天雨血於江南數畝許李漢家舂米自臼中跳出遂斂於箕中又跳出寫於簞中又跳出有猿居鳥巢至城下地仍震又連生毛其天譴不能詳也

譔曰特流乘釁險害雄能推亡固存遭皇極不見遇其時與期倡為禍階而壽勢終之詩所謂亂離瘼矣爰其適歸者也長老傳譙周讖曰廣漢城北有大賊曰流曰特攻難得歲在玄宮自相賊終如其記先識預覩何異古人乎歷觀前世偽僭之徒縱毒虐劉未

有如茲毋惟殷人丘墟之歎賈生過秦之論亡國破家其監不遠矣

按常璩華陽國志目録第九卷及序志皆云述李特雄期壽勢志則先固有志也今諸本皆無之意者傳寫脫漏因循不録遂失之爾今本諸通鑑所述叅以載記所書續成勢志用補其闕以俟後之博洽君子云又史載散騎常侍常璩實勸李勢降桓溫璩必作志者因續記此云

華陽國志卷第九

華陽國志卷第十上

先賢士女總讚

含和誕氣人倫資生必有賢彥為人經紀宣德達教博化篤俗故太上立德其次立功其次立言品物煥炳彛倫攸敘也益梁爰在前代則夏勳配天而彭祖體地及至周世朝服將命蔓子忠堅然顯者猶鮮豈國史簡闕亦將分以秦楚希預華同自漢興以來迄乎魏晉多士克生髦俊蓋世愷元之疇感于帝思於是璽書交馳於斜谷之南束帛戔戔于梁益之鄉或迺龍飛紫閣允陟璿璣亦有盤桓利居經綸皓素其

躭懷道術服膺六藝弓車之招旃旌之命徵名聘德忠臣孝子烈士賢女高劭足以振玄風貞淑可以方蘋蘩者奕世載美是以四方述作来世志士莫不仰高軌以咨詠憲洪猷而儀則擅名八區為世師表矣故耆舊之篇較義史漢而今志州部區別殊可總而言之用敢撰約其善為之述讚因自註解甄其洪伐尋事釋義略可以知其前言往行矣

逸民嚴遵君平

嚴平恬泊皓然沉冥

治中從事李弘仲元

仲元抑抑邦家儀形

給事黄門侍郎楊雄子雲

子雲玄遠煥乎弘聖

逸民林閭公孺

林生清寂莫得而名

執政大中司空汎鄉侯何武君公

汎鄉忠貞社稷是經進賢為國稽攷典刑愛莫

助之身殞朝傾

侍中楊州刺史張寬叔父

叔文播教變風為雅道洽化遷我寔西曾

中郎將司馬相如長卿

長卿彬彬文為世矩

諫議大夫王褒子淵

王淵蠶麗蔚若華圃

校書郎中楊終子山

子山翰藻遺篇有厚

左衛護軍陳立少遷

少遷猛毅垂勳三邦

益州太守王阜世公

世公試政祥瑞來同

侍中漢五更張霸伯饒謚文父

猗歟文父督發幼童德贍會稽道崇辟雍

國師太常趙典仲經

少府委遅作卿作師

僕射何英叔俊　高士楊由哀侯　何汶景由英孫

何楊研神貫奥入微

尚書令司隸校尉大司農任昉文始

司農明允國憲是維

中郎將何霸翁君

翁君美秀牧後寤機

美陽令柳宗伯騫

伯騫推賢求善如鑠

太尉司徒司空特進厨亭文趙戒志伯

文侯顥叩極位台衡

太尉鄍惠侯趙謙彦信

太尉頡頏志振頹綱

司徒趙温子柔

司徒繼踵僶俛權横猶操道柄董李是讓

侍中長水校尉常洽茂㞒

侍中授命分節亦章

從事楊竦子恭
蠻夷猾擾倡亂南疆子恭要傳醜穢千攘
治中從事張充伯春　司空辟士李兖孟元
伯春孟元匡正時君
閬中令楊班仲桓　廣漢長羅衡仲伯
楊羅為小遺愛在民
廣漢太守陳湛小伯
小伯温恭預圖息紛
孝廉禽堅孟由
孟由至孝遐葉晞風

節士仲旱　志士任末叔本　功曹史朱普伯禽

主簿李馨文寺

仲旱勉䢒叔本慕仁伯禽證将文寺代君炎光

中徵巨述僭辭王莽字巨君述即公孫

大中大夫章明公孺　美陽令王皓子離

尚書郎侯剛宣孟　尚書郎王嘉公卿

章王刎首侯剛哭漢公卿絶脰亦蹈節貫

慱士羅衍伯紀

羅生美至思濟艱難述方遂非殘彼貞幹

大鴻臚何宗彦英、

劉主割據資我英俊鴻臚淵通與道推運

揵為太守何祗君肅

君肅矯矯頴類倬群

輔漢將軍張裔君嗣

輔漢朗揵服時之勲

太常杜瓊伯瑜

太常清慎密邃遠深

休休衆彥殊塗同臻金聲玉振蜀之球琳休休美也衆彥言此四十三人也易曰殊塗同歸百行齊致貴於流光顯稱揚名垂世此四十三人者雖立行不同垂美如人金玉之音器為世名實

以上士人

張覇夫人司馬敬司
　敬司穆穆暢始玄終
王遵妻張叔紀覇孫女
　叔紀婉娩十媛仰風
公乘會婦張氏
　公乘張氏兩髦義崇
楊鳳珪妻助陳
　助陳撫孩節篤分克
便敬賓婦常元常　殷仲孫妻常靡常
　二常煢煢顇構再隃

趙侯夫人常紀常

紀常哀哀精感昭融

景奇妻貢羅　趙憲妻玹何

貢羅誓志玹何忘生

朱叔賢妻張昭儀　姚超二女姚妣饒

昭儀殉身二姚見靈峩峩淑媛表圖銘旌（淑善媛婉也言此十二女皆圖像列傳）

以上士女

右蜀郡士女讚第一凡五十五人（四十三人士十二人女）

佳衜按常璩三州士女目録巴郡士女范目以下

共七十八人當列蜀郡後為第二卷今按本志讚

傳並闕豈稱全典哉自宋呂大防李壄二刻已無
聞矣先民往則宜垂竹素強識之士不重有感耶
交州牧楊宣君緯
講學冲邃洙泗是稀亂帝紹聖庶㷱疇洛
永昌太守鄭純長伯
長伯撫遐聲暢中畿析虎命邦綽有餘徽
三老楊統仲通
三老泱泱實作父師
高氏王祐平仲
平仲涉道殆乎庶幾

侍中楊序仲桓

文父明洞探賾索微

隱士段翳元章

元章玄泊韜光匿耀

侍御史洛陽令王渙稚子

稚子奕奕古之畏愛

司隸校尉王堂敬伯

敬伯愷悌樹德播惠

越嶲太守馬顯叔宰

叔宰濟濟以禮進退

将作大匠翟酺子超

大匠奇暢妙鑑玄察盡言世規秪以隕越

司隷校尉郭賀喬卿

司隷聰敏奮名後葉

光禄大夫侍中衛尉鐔顯子誦　廬江太守蔡弓子騫

鐔蔡翩翩交友惟賢

樂安相李尤伯仁　東觀郎李勝茂通

兩李騤采文藻可觀

聘士王稚叔起　隱士馮信季誠

憲父縣車徵君肥遜

侍中董扶茂安　聘士任安定祖

董任循志束帛戔戔

蜀郡太守王商文表

文表泛愽提攜士彥

牂牁太守劉寵世信

超類拔萃寔惟世信

辟士段恭節英

節英元烈仰訴㒺臣

江陽符長姜詩士遊

士遊孝淳感物悟神
郪令王忳少林
少林陰德陽報是馴
野王令羊恭仲魚　治中從事朱倉雲卿
仲魚謙沖雲卿安貧
高士折像伯式　義士杜貞孟宗
伯式玄照孟宗當仁味道好施清風邁倫（讚仲魚以下）
五官掾諒輔漢儒
漢儒請雨精感慶雲
綿竹主簿韓揆伯彥　壯董左喬雲　義士楊覺

叔仲

韓揆義烈喬雲勇震楊寛證將烈播友人

節士甯叔茂泰　義士張鉗子安

甯叔執仇張復師讎

烈士賈栩元集

賈爲士死分併虞朱

大醫丞校尉郭玉通直

郭玉通直蓋亦所脩

大司農泰宓子勑

爰迄劉氏司農含章奕朗㝷粲觀國之光

別駕李朝永南　西曹掾李邵偉南　益州太守

王士義強　綿竹令右丞王甫國山

李王四子並作琳琅

少府太常鐔承公文

優游容與特進太常

忠烈從事王累

從事烈至諫君刎首

忠謀從事鄭度

鄭度進規忠謀莫受雖云天時抑由人咎

江陽太守彭羕永年

永年負才自喪世主

犍為太守李邈漢南

漢南哽哽天奪其守

詵詵彥造或哲或友昭德音芳垂名厥後總讚四十六人也

以上人士

任安母姚氏

任母治內子成名賢

姜詩妻龐行

龐行養姑婦師之先

司馬雅妻姜義舊

依依義舊抗疏邦庭誠感世主從女輟刑

廖伯妻殷紀配

紀配斷指以章厥貞

王輔妻彭非　使敬妻王和　馮李宰妻李進娥

彭王進娥殘體令誠

楊文妻李正流

正流自沉水潔冰清

袁稚妻相烏　王上妻袁福

相烏袁福不義存生

汝敦妻某

汝氏世胄由婦讒柔思媚烈媛美稱惟休（末二句總讚十一人也）以上士女

右廣漢郡士女讚第三凡五十六人（四十六人士十一人女）

關內侯光祿大夫王延世長叔

王延河平纂禹之功

城門校尉五官中郎將董鈞文伯

文伯習禮繼武孫通

司空廷尉張皓叔明

張公執憲克智克聰極位青紫寔作司空

司隸校尉趙旂子鸞

子鸞司京桴鼓不鳴

尚書中郎司隸校尉楊渙孟文

孟文魏魏平顯有成

司隸校尉楊準伯邳　楊州刺史楊莽翁君

伯邳正直耀祖揚聲翁君將命迺播其名

合浦太守費貽奉君　徵士任永君業　公車令

杜撫叔和　上黨太守趙松君喬

奉君遯世任君開明和叔順終君喬容精英英

四子利於居貞（讚費貽以下）

廣陵太守張綱文紀

皇漢弛綱官人失紀文紀蹇諤表明臧否

復漢將軍朱遵孝仲

白虜狂僭亂離斯圮孝仲縶馬社稷是死

新都令趙敦

建侯吊梁效志知已

尚書郎隗相叔通

叔通敦孝石生江汜

永昌太守吳順叔和

吳生致養亦感靈祉

蜀郡太守關内侯楊洪季休

劉后初載實多良才季休忠亮經事能治

五官中郎將五梁德山

德山躭學道以光時

諫議大夫費詩公舉

烈武作合度曠塗夷惜哉公舉師直凌遲

射聲校尉楊義文然

文然簡略不從詭隨

車騎將軍都亭侯張翼伯恭

車騎快快與國安危

猗猗衆偉芳烈名垂方德繹勲犍之瓊瑰總讚二十

一人　以上人士

王博妻楊進

楊進穆穆先姑是憲

楊文方妻陽姬

楊姬請父厥族蒙援克諧內愛訓及秀彥

相登妻周度

周度割體貞節是全

周紀妻曹敬姬

敬姬沉淵誠烈邈然

張帷妻程貞玦

貞玦玉操彌久彌刊

尹仲讓妻韓姜

韓姜自才後旌其究

儀成妻謝姬

謝姬引決同穴齊定

盛道妻趙媛姜

媛姜定婦勉夫濟子授命圖國義踰國士

張貞妻黃帛 按水經作張貞

黃帛求喪沉身中流靈精相感攜夫共浮

烈哉諸媛節稱義遵 總讚九女 以上士女

右犍為郡士女讚第四凡三十人二十一人 士九人女

逸民鄭子真

鄭真岳跱確乎其清

聘士衛衡伯梁

衛梁泥盤玄湛淵亭

城陽中尉鄧先

鄧公方斷忠枉原情

博望侯張騫

博望致遠西南來庭

給事中張猛子游

子游師生讒巧所傾

逸民楊王孫

王孫養性矯葬厲生

司徒李郃孟節

司徒監使術暢恩精厚登上司七政見緯

大尉李固子堅

炎精不顇朱明不揚太尉謇諤仕國救荒衆日

暘谷將及扶桑惡直醜正漢道遂喪

度遼將軍張亮則元脩

元脩敦重威惠寔亮

犍為太守趙宣子雅

子雅溫恭見察文方

廣漢太守趙瑶元珪　尚書趙琰雅珪

二珪琬琰三辰懸望

弘農太守陳綱仲卿

仲卿報友行義以理

司隸校尉李法伯度

伯度玄鏡榮辱屑已

京兆尹李燮德公

德公在林懸象垂晷既冲雲清荀張儀準

巴郡太守陳雅伯臺

伯臺處諫師言亢盡末命防萌妙覩玄揆

綿竹令閻憲孟度　奉車都尉李歷季子

孟度卲允季子英瑋

計曹史程苞元道　葭萌長祝龜元靈

計君經筭元靈斐斐

主簿段崇禮高　功曹程信伯義

禮高殉名伯義死節

四行齊致在茲六子讚閻憲以下

從事燕邠元侯　主簿趙嵩伯高　從事陳調元

化
元侯趙陳蓋亦烈士
王宗 原展 嚴犖 李容 姜濟 陳巳 曹
麃 勾矩 劉旌 以上九人無專讚傳附程信傳下
渙渙龍宗振振麟趾文炳彬蔚漢之末軌 總讚三十
五人也 以上人士
陳祗妻穆姜
穆姜溫仁化繼為親
楊拒妻秦瑛
秦瑛嚴明世範厥訓

杜泰姬
杜氏之教父母是遵
陳省妻楊禮珪
禮珪肅穆言存典韻
趙伯英妻李文姬
文姬斆敏宗祀獲歆
曹寧妻陳順謙　張亮則妻陳惠謙
陳氏二謙或智或仁
趙嵩妻張禮脩
禮脩順姑恩愛溫潤

趙子賤妻韓樹南

樹南悼夫輕死重信

祁祁令姬如玉如金允美淑媛齊德姜任總讚九人

也

以上士女

右漢中郡士女讚第五凡四十四人三十五人士九人女

鎮遠將軍成義侯文齊子奇

鎮遠敦壯立勳南瀕

節士李業巨游

巨游玉碎高風金振

益州太守景毅文堅

文堅亟哉南面懷民

孝廉楊充盛國

盛國好學研頤聖真

布衣士景鸞漢伯

漢伯隸業諸生之純

功曹張壽伯僖　童人李餘

伯僖効忠李餘殘身

濟陰相寇祺宰朝　義士王晏叔博

寇王二子行勇以仁

方士李助翁君

李助多方以玆立稱

隱上李仁德賢

章武之興亦廸才倫德賢好古澹心藝文

諫議大夫杜微國輔

國輔皓然形動神沉

太子家令尹默思潛

思潛遊學休志素林

太子中庶子右中郎將李譔欽仲

欽仲朗慱訓詁典墳

監軍將軍司馬李福孫德

孫德果銳作劉幹臣

衎衎偉彥王閏蘭芬劭名表器江漢之俊總讚十五

人也 以上人士

王敬伯夫人文季姜

季姜雍穆化播二婦王氏世興寔由賢母

虞顯妻杜季女

杜慈專專父不諒只

郭孟妻敬楊

敬楊雪讐壯踰烈女

惟兹三媛仁惕義理邦有此嬪以馳遐紀總讚三人

以上士女

右梓潼郡士女讚第六凡士女十八人十五人士三人女

蜀郡士女

嚴遵字君平成都人也雅性澹泊學業加妙專精大易躭於老莊常卜筮於市假著龜以教與人子卜教以孝與人弟卜教以悌與人臣卜教以忠於是風移俗易上下慈和日閱得百錢則閉肆下簾授老莊著指歸為道書之宗楊雄少師之稱其德杜陵李強為益州刺史謂雄曰吾真得君平矣雄曰君但可見不能屈也強以為不然至州脩禮交遵遵見之強服其

華陽國志卷十上　　九

清高而不敢屈也歎曰楊子雲真知人也年九十卒雄稱之曰不慕夷即由矣不作苟見不治苟得久幽而不改其操雖隨和何以加諸

李弘字仲元成都人少讀五經不為章句處陋巷淬勵金石之志威儀容止邦家師之以德行為郡功曹一月而去子贅以見辱殺人太守曰賢者之子必不殺人放之贅自以枉語家人弘遣亡命太守怒讓弘弘對曰贅為殺人之賊明府私弘枉法君子不誘而誅也石碏殺厚春秋譏之孔子稱父子相隱直在其中弘實遣贅太守無以詰也州命從事常以公正諫

爭為志楊子雲稱之曰李仲元為人也不屈其志不
累其身不夷不惠可否之間見其貌者肅如也觀其
行者穆如也聞其言者愀如也非正不言非正不行
非正不聽吾先師之所畏
楊雄字子雲成都人也少貧好道家無擔石之儲十
金之費而晏如也好學不為章句初慕司馬相如綺
麗之文多作詞賦車騎將軍王音成帝叔舅也召為
門下史薦待詔上甘泉羽獵賦遷侍郎給事黄門雄
既升祕閣以為辭賦可尚則賈誼升堂相如入室武
帝讀大人賦飄飄然有凌雲之志不足以諷諫乃輟

其業以經莫大於易故則而作太玄傳莫大於論語故作法言史莫善於蒼頡故作訓纂箴諫莫美於虞箴故作州箴賦莫弘於離騷故反屈原而廣之典莫正於爾雅故作方言初與劉歆王莽董賢同官並至三公雄歷三帝獨不易官年七十一卒自劉向父子桓譚等深敬服之其玄源淵懿後世大儒張衡崔子玉宋仲子王子雍皆為注解吳郡陸公紀尤善於玄稱雄聖人雄子神童烏七歲預雄玄文年九歲而卒

林閭字公孺臨邛人也善古學古者天子有輶車之使自漢興以來劉向之徒但聞其官不詳其職惟閭

與嚴君平知之曰此使考八方之風雅通九州之異同主海内之音韻使人主居高堂知天下風俗也楊雄聞而師之因此作方言閭隱遯世莫聞也

何武字君公郫人也初以對策甲科為郎歷楊兖州刺史司隸校尉京兆尹清河楚沛太守廷尉御史大夫成帝初具三公拜大司空封氾鄉侯為人忠厚公正推賢進士在楚致兩龔在沛厚兩唐臨司隸致茂陵何並居公位進辛慶忌皆世名賢臨州郡雖無赫赫之名及去民思之才雖不及丞相薛宣翟方進而正直過之哀帝即位以朱博趙玄為公卿用事免官

諫大夫鮑子都亟言訟之丞相王嘉亦以為慨帝復
徵武為御史大夫徙前將軍時大司馬新都侯王莽
避帝外家丁傅氏遜位亦以列侯見徵哀帝詔博舉
太常莽從武求舉武以莽奸人之雄不許哀帝崩王
太皇太后莽姑也即日引莽入收大司馬董賢印綬
詔舉大司馬丞相孔光等逼王氏皆舉莽武與左將
軍公孫禄謀曰莽五父世朝權傾人主必危劉氏乃
舉禄禄亦舉武太后不從用莽為大司馬莽諷有司
劾奏皆免武就國後莽寖盛遂為宰衡安漢公欲圖
篡漢憚武與其叔紅陽侯王立不從元始三年因吕

寬吳章事檻車徵武武自殺衆咸寃之莽欲厭衆心
謚武曰剌侯子况嗣平帝崩莽因居攝後僭王位
張寬字叔文成都人也蜀承秦後質文刻野太守文
翁遣寬詣博士東受七經還以教授於是蜀學比於
齊魯巴漢亦化之景帝嘉之命天下郡國皆立文學
由翁唱其教蜀為之始也寬從武帝郊甘泉泰畤過
橋見一女子裸浴川中乳長七尺曰知我者帝後七
車適得寬車對曰天有星主祠祀不齊潔則作女令
見帝感寤以為楊州刺史復別虵莽之妖世稱云七
車張作春秋章句十五萬言

司馬相如字長卿成都人也遊京師善屬文著子虛賦而不自名武帝見而善之曰吾獨不與此人同世楊得意對曰臣邑子司馬相如所作也召見相如相如又作上林賦帝悅以為郎又上大人賦以風諫制封禪書為漢辭宗官至中郎將世之作辭賦者自楊雄之徒咸則之

王褒字子淵資中人也以高才文藻侍宣帝初為王襃作樂職中和頌宣帝時又上甘泉洞簫賦帝善之令宮人誦之為諫大夫卒

楊終字子山成都人也年十三已能作雷賦通屈原

七諫章後坐太守徙邉作孤憤詩明帝時與班固賈逵並為校書郎刪太史公書為十餘萬言作生民詩又上符瑞詩十五章制封禪書著外傳十二卷章句十五萬言皆傳於世

陳立字少遷臨卭人也成帝時牂牁有亂將軍王鳳薦立為太守克平禍亂徙守巴郡秩中二千石治行尤異又徙天水太守為天下最天子賜黃金四十斤入為左衛護軍

王阜字世公成都人也太守第五倫察舉孝廉為重泉令有鸞鳥集于文學十餘日遷益州太守神馬出

滇池河卄露降白烏見民懷之如父母

張霸字伯饒謚曰文父成都人也年數歲以知禮義諸生孫林劉固段著等宗之移家其宇下啓母求就師學母憐其稚對曰饒能漢傳云我饒為之故字伯饒也為會稽太守撥亂興治立文學學徒以千數風教大行道路但聞誦聲百姓歌詠之致達名士顧奉公孫松畢海胡毋官萬虞先王演李根皆至大位在郡十年以有道徵拜議郎遷侍中遂授霸五更尊禮於文學年老卒葬河南梁縣按後漢書霸子楷孫陵玄各有傳

趙典字仲經成都人也太尉戒孫也與潁川李膺等

並號八俊三為侍中自樂祿俸施貧方授國師未拜
病卒按東漢本傳典為戒子謝承書典為戒叔子
何英字叔俊郫人也　楊由字哀侯成都人也二子
學通經緯英著漢德春秋十五卷孫汶字景由亦深
學初微上日食盜賊起有効為謁者京師旱請雨即
澍遷犍為屬國著世務論三十篇卒楊由為太守廉
范文學范稱能治由言當有賊發頃之廣柔羌反寇
殺長姚超鄉人冷豐齋酒候之值客未內由為知其
多少又言人當致菓其色赤黃果有送甘橘者大將
軍竇憲從太守索雲氣圖由諫莫與尋憲受誅其明

如此著書十篇而卒

任昉字文始成都人也初爲葉令治奸賊七十餘人遷梁相尚書令清身撿下大將軍梁冀憚之出爲魏郡徙平原歲出租稅百萬冀誅復入爲尚書令司隷校尉遷大司農卒弟愷徐州刺史亦有治名昉父循字伯度爲長沙太守得其父時爲五官事在精通也

何霸字翁君司空武兄也爲郡戶曹刺史王尊將之官移諸郡不得遣迎太守唯霸曰宜往太守遣霸尊大怒霸對曰太守遣霸非脩敬也以去京師久遅知朝廷起居耳尊遽下車持節對之因奇霸容止辟爲

別駕舉秀才爲蜀國中郎将弟顥爲頴川太守兄弟

五人皆有名

栁宗字伯騫成都人也初結九友共學號九子及爲

州郡右職務在進賢援致求次方張叔遼王仲曾殷

智孫等終至牧守州里爲諺曰得黄金一笥不如爲

伯騫所議舉茂才爲陽夏太守

文侯趙戒字志伯少府典祖也父定以遊俠稱戒順

桓帝之世歷司徒太尉登特進屢居公輔免憂患于

無妄之世告歸于蜀薨家

趙謙字彦信戒孫也歷位卿尹初平元年爲太尉時

董卓秉政欲遷天子長安讜與司空荀爽固諫卓不聽以為車騎将軍奉大駕西幸封洛亭侯拜司隸校尉忤卓指免討白波賊有功封侯進司徒免拜尚書令太僕三年薨謚曰忠侯

趙温字子柔讜弟以侍中與同輦西遷封江南亭侯兄亡初平四年拜司空未朞進司徒當世榮之時車騎将軍李傕與董承張濟等争權數遷移天子温以書功責於傕天子聞為寒心尋曹公入徙天子都許政出諸侯禮待温居公位十五年建安十三年薨董卓李傕凶擅讜温平之初文侯與李固胡廣議立清

河王蒜而冀欲立蠡吾趙戒脇而從之使李固枉死
君子以為卓催之惡甚於梁冀譏摩卓之牙温弄催
之爪雖逼權勢以道陳訓賢其祖遠矣
常洽字茂尼江原人也自荊州刺史遷京兆尹侍中
長水校尉以兵衛大駕西幸催等作難常侍衛守左
右為催所殺
楊竦字子恭成都人也永初中越巂永昌夷反殘破
郡縣衆十萬餘刺史張喬以竦勇猛授從事任平南
中竦先以詔書告喻不服乃加誅殺虜三萬餘人獲
生口千五百人財物四千萬降夷三十六種舉正奸

濁長吏九十人黃綬六十人南中清平會被傷卒喬
舉州弔贈列畫東觀

張充字伯春　李幾字孟元江原人也充為治中從
事時刺史特豪每見從事布席地坐已自安高床上
充入閤不肯進刺史寤乃更禮從事刺史辟公孫特
大姓犍為李威橋稚充曹闕時有水灾倫受刺史指
以漢中斗平不足表聞幾固爭之後刺史至與倫不
平求郡短劾倫不言水灾幾對以詔書上灾異不得
由州倫還司空辟幾掾

楊班字仲桓成都人也　羅衡字仲伯郫縣人也俱

師徵士何初山班為不韋茂陵令治化浹洽徙西城閬中令號特名宰衡為萬年令路不拾遺人家牛馬皆繫道邊曰蜀羅公三府爭辟拜廣漢長二縣皆為立祠

陳湛字小伯成都人也歷數縣令民皆懷之州辟治中從事廣漢太守遣子詣州脩歡交使君欲納湛諫不可失羔羊義使君從之後有言州郡私交者考之無得乃明也

禽堅字孟由成都人也父信為縣吏越嶲為夷所得傳賣歷十一種去時堅方妊六月生母更嫁堅壯乃

知父湮没，𨰻力傭賃，求碧珠以求父，一至漢中，三出徼外，周旋萬里，經六年四月，冒瘴毒狼虎，乃至夷中得父，父相見悲感，夷徼哀之，即將父歸，迎母致養。州郡嘉其孝，召功曹，辟從事，列上東觀。太守王商追贈孝廉，令李苾為立碑銘，迄祠之。

仲旻，成都人也。少受學於嚴季后。季后為汶江尉，書呼仲旻。仲旻許十月往會。夷反，斷道。仲旻期於往，經渡六千，幾死數年，卒得至汶江，為季后陳榮，俱得免難。遠近歎之。

任末，字叔本，繁人也。與董奉德俱學京師。奉德病死，

推鹿車載其喪師亡身病齎棺赴之道死遺令勑子
載喪至師門叙平生之志也按本傳末子名甚
朱普字伯禽廣都人也為郡功曹太守與刺史王萁
有隙枉見劾普詣新都獄掠笞連月膿肉腐臭同日
死以證太守無事勑其子曰我死載喪詣闕使天子
知我心事得情理普以烈聞
李磬字文寺嚴道人也為長章表主簿旄牛夷叛入
攻縣表倉卒走鋒刃交至磬傾身捍表謂虜曰乞殺
我活我君虜乃殺之表得免太守嘉之圖像府庭
義敢終始可稱人生於三事若一君父師也言人靡

不有初鮮克有終普馨可謂能終始也自高祖至平帝十二世國嗣三絶平帝早崩安漢公王莽字巨君遂篡天子位稱新室皇帝而茂陵公孫述字子陽為莽導江卒正遂僭號于蜀

章明字公孺新繁人也　王皓字子離江原人也明為太中大夫莽篡位歎曰不以一身事二主遂自殺皓為美陽令去莽歸蜀公孫僭號使使聘之皓乃自刎以頭付使者述慚怒誅其妻子

剛字宣孟新繁人也為郎見莽篡位佯狂負水斗守闕號哭莽使人問之對曰漢祚無窮吾寧死之不忍

事非主也莽追殺之

王嘉字公卿江原人為郎去莽還蜀公孫述先聞其妻子使人徵之嘉聞王皓死歎曰吾後之哉亦自殺述懟誅其妻子

羅衍字伯紀成都人也為述郎說述尚書觧文卿鄭文伯使諫述降漢為子孫福觧鄭從之述怒閉二子於薄室六年二子守志不回遂幽死卒衍察孝廉徵博士

何宗字彦英郫縣人也通經緯天官推步圖讖知劉備應漢九世之運讚立先主為大鴻臚方授公輔會

卒
何祇字君肅宗族人也初犍為楊洪為太守李嚴功曹去郡數年以為蜀郡嚴在官祇為洪門下書佐去郡數年以為廣漢洪猶在官是以西士咸服諸葛亮之能攬拔秀異也祇徙犍為太守卒
張裔字君嗣成都人也汝南文休稱其才鍾元常輩也為輔漢將軍丞相長史丞相北征居府統事足食足兵
杜瓊字伯瑜成都人也師事任安粗通經緯術藝為太常沉默慎密稱諸生之淳

敬司馬氏女五更張伯饒妻也霸前妻有三男一女敬司產一男撫教五子恩愛若一霸卒塟河南敬司與諸子還蜀疾病遺令告諸子曰舜塟蒼梧二妃不從汝父在梁吾自在蜀亦各其至勿違吾勑也遂塟蜀子光超禀母教為聘士也

叔紀霸女孫也適廣漢王尊至有賢訓姑以禮生子商海內名士廣漢周幹古朴彭勰漢中祝龜為作頌曰小則為家之孝女長則為家之賢婦老則為子之慈親終温且惠秉心塞淵宜謚曰化明惠母

公乘會妻廣都張氏女也夫早亡無子姑及兄弟欲

改嫁之張誓不許而言之不止乃斷髮割耳養曾族子事終身
助陳臨邛陳氏女犍為楊鳳珪妻也鳳珪亡養遺生子守節兄弟必欲改嫁乃引刀割咽宗族駭之幾死遂全其義
元常靡常江原人元常廣都令常良女適廣漢便敬實早亡元常無子養實族子父母欲嫁乃祝刀誓志而死靡常仲山女適成都殷仲孫家遭疫氣死亡惟靡常在十八收塟諸喪養遺生子立美成家
紀常常侍常洽女趙僕夫人也父遇害在長安一兄

皆先没遺父門生瞿登張順迎喪時寇賊蜂起晝夜悲哀順登得將喪無恙還時人皆以紀常精誠所感

貢羅郫羅倩女景奇妻也奇早亡無子父愍其年壯以許同郡何詩貢羅白書誓父不還家父使詩乃白州州告縣逼遣之羅乃訴州刺史高而許之

玹何郫何氏女成都趙憲妻也憲早亡無子父母欲改嫁何恚憤自幽乃不食旬日而死郡縣為立石表

昭儀新繁張氏女廣漢朱叔賢妻也賢為郡督郵建安十九年劉主圍劉璋於成都賢坐謀外降璋以昭儀配兵將見逼昭儀自殺三軍莫不哀歎

廣柔長郫姚超二女姚妣饒未許嫁隨父在官值九
種夷反殺超獲二女欲牧羊二女誓不辱乃以衣連
腰自沉水中死見夢告兄慰曰姊妹之喪當以某日
至溉下慰寤哀愕如夢日得喪郡縣圖像府廷

華陽國志卷第十上